Diseño de cubierta
Sergio Ramírez

Título original
Politicide. Ariel Sharon's war against the palestinians

© Baruch Kimmerling, 2003
Publicado originalmente por Verso
© Foca, ediciones y distribuciones generales, S. L., 2004
para todos los países de habla hispana
Sector Foresta, 1
28760 Tres Cantos
Madrid - España
Tel.: 91 806 19 96
Fax: 91 804 40 28
ISBN: 84-95440-60-1
Depósito legal: M-773-2004
Impreso en Materoffset, S.L.
Colmenar Viejo (Madrid)

Baruch Kimmerling

POLITICIDIO

LA GUERRA DE ARIEL SHARON CONTRA LOS PALESTINOS

Traducción de
Ana Varela Mateos

Este libro está dedicado a:

Todas las valientes mujeres israelíes que se colocan ante los puestos de control israelíes a primeras horas de la madrugada para evitar que los soldados hostiguen a los trabajadores palestinos que buscan trabajo en Israel;

Los hombres y mujeres no sólo de Israel que organizan convoyes para llevar comida y medicinas a los niños palestinos hambrientos de los campos de refugiados, de los pueblos y de las ciudades asediadas;

Y a los objetores de conciencia que han pasado muchos meses en cárceles militares por negarse a participar en la criminal guerra libanesa de 1982 o a cometer crímenes de guerra en la reciente guerra entre Israel y Palestina.

Todos ellos expresan la genuina naturaleza del judaísmo y el verdadero espíritu y alma de Israel.

Introducción

El 6 de febrero de 2001, Ariel Sharon ganó las elecciones directas a primer ministro de Israel con una victoria sin precedentes del 52 por 100 de los votos. Este acontecimiento marcaba, al mismo tiempo, un cambio decisivo en la historia del país y de la región y un cambio fundamental en el carácter del gobierno israelí y de su cultura política. Este cambio se consolidó en las elecciones generales celebradas el 28 de enero de 2003, en las que el bloque de la derecha, liderado por Sharon, ganó 69 de los 120 asientos en la Knesset[1] y Sharon fue reelegido primer ministro de Israel. La victoria arrolladora de Sharon se hizo más impactante por el hecho de que era la primera ocasión, desde Menajem Begin en 1981, en la que un primer ministro israelí era reelegido para un segundo mandato.

Bajo el gobierno de Ariel Sharon, Israel se convirtió en un agente de destrucción no sólo para su entorno sino también para él mismo, debido a que su política interior y exterior está en gran medida orientada hacia un objetivo crucial: el politicidio del pueblo palestino. Con el término *politicidio* me refiero a un proceso que tiene como su última meta la disolución de la existencia del pueblo palestino como legítima entidad social, política y económica. Este proceso también puede incluir, aunque no necesariamente, su limpieza étnica, parcial o completa, del territorio conocido como la

---

[1] Parlamento israelí [N. de la T.].

Tierra de Israel. Inevitablemente, esta política roerá el tejido interno de la sociedad israelí y minará la fundación moral del Estado judío en Oriente Próximo. Desde esta perspectiva, el resultado será un doble politicidio: el de la entidad palestina e igualmente, a largo plazo, el de la entidad judía. Por consiguiente, el actual gobierno israelí representa un peligro considerable para la estabilidad y para la propia supervivencia de todos los pueblos de la región en su conjunto.

El politicidio es un proceso que cubre una amplia gama de actividades sociales, políticas y militares cuyo objetivo es destruir la existencia nacional y política de toda una comunidad de personas y, de este modo, negarles la posibilidad de autodeterminación. Los asesinatos, las masacres localizadas, la eliminación de los líderes y de las elites, la destrucción física de las instituciones públicas y de la infraestructura, la colonización de la tierra, la hambruna, el aislamiento político y social, la reeducación y la limpieza étnica parcial son las principales herramientas utilizadas para alcanzar este objetivo.

El politicidio del pueblo palestino no comenzó con la elección de Ariel Sharon. De modo más preciso, es una consecuencia de la guerra de 1967 y en cierta medida de la propia naturaleza y de las raíces del movimiento sionista y ha estado apoyado y reforzado por una serie de acontecimientos y procesos regionales y globales.

El funesto escenario que se dibuja en el horizonte nunca ha sido inevitable, como tampoco las etapas que conducen a su irreversibilidad. Sin embargo, la elección y la reelección de Sharon, las circunstancias que las hicieron posibles y la situación política interna creada a consecuencia de las mismas han hecho esta aterradora visión más probable de lo que nunca lo había sido desde 1948.

Israel nunca fue una democracia liberal perfecta, debido a que las circunstancias de su nacimiento y sus raíces nunca le permitieron serlo. A pesar de ello y sin estar completamente injustificado, era considerado por su población judía y por el mundo occidental como la única democracia en Oriente Próximo. De hecho, era democrático en comparación con otros regímenes de la región. Israel se enorgullecía de sus elecciones libres celebradas periódicamente, que brindaban a sus ciudadanos la oportunidad de cambiar el gobierno y la elite dirigente de acuerdo con su voluntad. Los israelíes disfrutaban de una relativa libertad de expresión, aunque esta libertad existía para los judíos en mucha mayor medida que para los árabes, así como de otros muchos derechos y libertades garantizadas por la ley o por la cultura política local, y de un sistema judicial que intentaba instaurar un sistema de equilibrio entre los poderes del Estado que de este modo limitara las potestades del poder ejecutivo y de la burocracia. Israel también intentó desarrollar un limitado Estado del bienestar. Actualmente, estos rasgos positivos se están deteriorando a medida que Israel se convierte en un régimen thatcherista y semifascista.

Una combinación de elementos caracteriza las tendencias fascistas israelíes:

- Se ha producido un recorte drástico de la libertad de expresión y hay una tendencia creciente a etiquetar de «traición» la oposición a la política actual. De hecho, la oposición parlamentaria ha sido prácticamente liquidada debido a la previa creación de un gobierno de Unidad Nacional entre el Partido del Likud y el Partido Laborista, y de la negativa del Meretz, el único partido judío liberal de izquierdas importante fuera del gobierno, a defender políticas alternativas. Meretz, bajo el liderazgo del veterano laborista Yossi Sarid, ha preferido mantenerse dentro del sagrado consenso nacional antes que jugar el papel de un partido de oposición real durante un periodo de crisis que se esfuerza por cambiar este consenso. La salida laborista del gobierno unitario no supuso ninguna diferencia, dado que el daño tanto a la sociedad israelí como al propio partido ya se había hecho.

- Los militares se están implicando progresivamente en los asuntos políticos y en los medios de comunicación. Israel siempre fue una sociedad militarizada y las fronteras entre las esferas militar y política eran borrosas. Los oficiales de alto e incluso de medio rango tienen una enorme influencia en muchas facetas de la sociedad y de la cultura política israelíes. Se ha considerado siempre que los oficiales que dejaban el ejército, normalmente al sobrepasar los cuarenta años, estaban manifiestamente cualificados para ocupar cualquier posición de liderazgo en la esfera civil. Por lo tanto, los militares israelíes nunca han necesitado organizar un golpe de Estado para gobernar Israel porque ellos mismos, mediante el ejercicio del poder a distintos niveles, siempre han participado en los procesos de toma de decisiones de un país que ha actuado constantemente como si se encontrara sitiado y se enfrentara a crisis existenciales, independientemente del hecho de que la amenaza fuera real o no.

- El personal del ejército y los antiguos oficiales de seguridad, en ocasiones camuflados de eruditos expertos, se han convertido en los principales intérpretes de la situación en los medios de comunicación. Las relaciones con los palestinos son directamente conducidas mediante consultas entre el primer ministro y los generales de más alto rango. Muchos de ellos, como Moshe Yaalon, recientemente nombrado comandante en jefe, son incluso más extremistas en sus operaciones diarias que el propio Sharon. El resto de ministros civiles y de comités parlamentarios sólo son informados de los devenires políticos de modo parcial y a posteriori, aunque son ideológicamente afines a la visión de Sharon y mantienen un acuerdo tácito con él respecto a los objetivos políticos.

- Sharon tiene muy pocos colegas a los que considere dignos de confianza. Su personalidad autoritaria y recelosa, el deterioro de la sociedad civil israelí y la debilidad de otras instituciones políticas han tenido unos efectos indeseables. Se ha creado un régimen informal en el cual un único hombre toma las decisiones más importantes en un amplio abanico de esferas: Ariel Sharon. Muchos de los primeros ministros anteriores, empezando por David Ben Gurion, tuvieron una forma tremendamente autoritaria de tomar las decisiones. Sin embargo, Sharon ha conseguido transformar un rasgo personal en un sistema institucionalizado de gobierno y ha logrado neutralizar y marginar cualquier oposición judía.

- El elemento más relevante de la reciente deriva de Israel hacia el fascismo es la definición de «el otro» (en este caso los palestinos de Cisjordania y de la franja de Gaza, e incluso los ciudadanos árabes de Israel, tomados colectivamente) como un peligro para la propia existencia de Israel como nación y de cada israelí considerado individualmente. Esta definición prepara a los israelíes, a los judíos y a la opinión pública mundial, para las drásticas medidas llevadas a cabo contra los palestinos. Lo que antes de Sharon se consideraba impensable, o al menos políticamente incorrecto, ahora se ha convertido en una cuestión explícita y respetable en el discurso político israelí predominante: la limpieza étnica como una solución legítima al «problema demográfico» que supone la existencia de una mayoría, o casi mayoría, árabe sobre el territorio. Sin embargo, no está claro si quienes toman las decisiones en Israel consideran la limpieza étnica como una opción real o sólo como una táctica psicológica de guerra que está siendo utilizada como parte del proceso del politicidio.

Mientras el Estado alimenta la enemistad pública contra los árabes, omite el acusado aumento de la pobreza en Israel. A finales de 2001, la cifra total de personas que viven por debajo del umbral de pobreza se colocó en 1.169.000, incluyendo más de medio millón de niños. La tasa de desempleo creció de un 8,8 por 100 en 2000 a un 11 por 100 en 2001 y a un 12 por 100 en 2002. Durante los primeros dos años de la segunda Intifada, de Al Aqsa, que comenzó el 29 de septiembre de 2000, la economía israelí perdió aproximadamente 7.000 millones de dólares. El primer año, el coste sobre el Producto Interior Bruto fue del 2,5 por 100 y el segundo año del 4,5 por 100, mientras que durante estos dos años el gasto militar ha sido incrementado en 800 millones de dólares. En 2001, se registró un crecimiento negativo en el PIB de un 1 por 100 y en 2002 de otro 1,5 por 100, un fenómeno desconocido desde la recesión de 1953. Aunque el nivel de pobreza, el más alto desde la década de 1950, continúa creciendo, el Estado ha permanecido indiferente a este proceso, dejando el destino de sus empobrecidos ciudadanos en manos de unas pocas organizaciones caritativas. A medida que la situación económica continúa deteriorándose, los ciudadanos israelíes demandan más acciones contra los «otros»: los árabes. Las interacciones entre estos procesos provocan las principales manifestaciones y la atmósfera local del fascismo israelí. Los principales objetivos de este libro consisten en presentar y analizar estos diferentes factores de fondo y examinar cómo y por qué el Estado israelí y su sociedad judía han alcanzando este abismo mientras que la mayoría de los judíos israelíes siguen sin ser conscientes de la dirección que ha tomado su sociedad.

Finalmente, una observación personal: como patriota israelí, sumamente comprometido con el destino y el bienestar de Israel, mi único país, y como sociólogo que ha dedicado la mayor parte de su vida profesional a estudiar la sociedad israelí y la palestina, escribo este libro —en mi refugio temporal en Toronto— con gran pesar y dolor. Mi único objetivo personal para publicar este libro no es «hacer daño a Israel» por un «autodesprecio judío», como argumentarán la mayoría de mis opositores políticos e ideológicos, y como sostuvieron acerca de alguno de mis artículos previos cuando carecían de mejores argumentos, sino realizar un nuevo intento de abrir los ojos a un pueblo humanista y benevolente que todavía no ve los peligros reales que acosan a Israel. De hecho, la batalla sobre el alma, el destino y el bienestar de Israel y de todos sus ciudadanos, judíos y árabes, es global; como lo son la mayoría de las cuestiones «locales» de nuestra era.

Toronto, marzo de 2003

PRIMERA PARTE

PASADO PRESENTE

1

CRISIS Y CONTRADICCIONES INTERNAS

Tras la guerra de 1967, el Estado y la sociedad israelíes se sumergieron en una crisis existencial cada vez más profunda y que aún no ha terminado. Las causas de esta crisis se encuentran en las contradicciones internas elementales que acompañaron la absorción gradual y selectiva de los territorios palestinos ocupados y de su población por parte del Estado. Esta absorción creó un auge económico sin precedentes y un aumento de la movilidad social que ensombrecieron la crisis y se convirtieron en parte de ella. La apertura de las fronteras de Cisjordania y de la franja de Gaza hizo que el mercado de trabajo israelí se inundara de mano de obra barata, que el mercado palestino se abriera a la exportación interna de productos israelíes y que las tierras palestinas se convirtieran en el objetivo de la colonización judía[1].

Esta inusual situación ventajosa estuvo acompañada de miles de millones de dólares en ayuda provenientes de Estados Unidos

---

[1] Los trabajadores no residentes, contratados por días o por semanas, son la fuerza de trabajo más barata en cualquier sistema político-económico. Con sus residencias a varios kilómetros de sus potenciales lugares de trabajo, estos trabajadores viajan allí a primeras horas de la madrugada y vuelven a sus hogares por las noches. No necesitan alojamiento y, dado que no son ciudadanos con derechos civiles, carecen de seguridad social, de cobertura médica o de servicios sociales relevantes. Además, la competencia entre ellos reduce aún más los salarios. Es una forma de esclavitud moderna, y es más rentable y satisfactoria para el sistema que los acoge que los trabajadores inmigrantes convencionales.

y de otros países, que convirtieron al Estado de Israel en uno de los más prósperos del mundo. Todos los sectores de la sociedad israelí, incluidos los ciudadanos árabes, disfrutaron de esta prosperidad. La situación también desencadenó una reestructuración total de la economía y del sistema social. La mayoría de los judíos israelíes dejaron sus empleos no cualificados o semicualificados (en la construcción, los servicios, la agricultura y en industrias de baja tecnología), que fueron entonces ocupados por trabajadores palestinos, y se trasladaron a empleos altamente cualificados (frecuentemente de alta tecnología) de gestión o de carácter burocrático. El número de compañías israelíes que cotizaban en el mercado bursátil del NASDAQ únicamente era superado por el número de compañías estadounidenses. La producción anual per cápita era, hasta el año 2000, una de las más altas del mundo y se aproximaba a los 18.000 dólares.

Sin embargo, esta prosperidad dependía de la continuidad del «buen comportamiento» e infinita cooperación de los habitantes palestinos de Cisjordania y de la franja de Gaza, y de su disposición a aceptar la política israelí consistente en incluirles plenamente en su economía pero excluirles completamente de otros ámbitos estatales. De hecho, durante casi una generación los palestinos aceptaron estas normas coloniales, beneficiándose de una relativa prosperidad económica mientras soportaban la privación absoluta de la mayor parte de los derechos humanos y civiles, así como la ausencia total de cualquier satisfacción que se derivara de su autodeterminación, de los símbolos colectivos y del ejercicio de cualquier identidad étnica y nacional. De hecho, ambas sociedades se hicieron partidarias de esta situación profundamente asimétrica y se desarrollaron de manera interdependiente[2]. La mayoría de los israelíes y de los palestinos que creció en esta anómala situación la considera natural y encuentra difícil imaginar otras formas de relacionarse. Este sistema comenzó a agrietarse sólo después de que el 9 de diciembre de 1987 se iniciara el primer levantamiento palestino, y se resquebrajó completamente cuando comenzó el segundo. Resulta interesante destacar que los acuerdos de Oslo perpetuaron la situa-

---

[2] Probablemente ésta es la razón por la que la población de los territorios ocupados de Cisjordania y de la franja de Gaza ignoraba las llamadas repetidas a la revuelta provenientes de los líderes de la OLP que vivían fuera de los territorios. En su lugar, desarrollaron una estrategia alternativa de laxitud (*samed*) hacia el territorio para evitar una segunda limpieza étnica.

ción económica, aunque pacificaron a la población palestina garantizándole la satisfacción de la autodeterminación simbólica. Tras el inicio de la primera Intifada, la economía política de Israel se adaptó mediante la importación de trabajadores extranjeros acogidos. Aunque estos trabajadores no amenazaban la seguridad pública, como se percibía que sí hacían los trabajadores palestinos, eran más costosos y, dado que eran más permanentes que los trabajadores palestinos que vivían fuera de las estrictas fronteras de Israel, se veían como una posible amenaza a la composición demográfica de la sociedad[3].

Después de la guerra de 1967 emergió una nueva complicación bastante alejada de los intereses económicos vigentes en los territorios: el deseo de la sociedad israelí en su conjunto, tanto de derechas como de izquierdas, de anexionar el centro histórico del pueblo judío en Cisjordania sin anexionar a sus residentes árabes. Una anexión formal significaría que Israel dejaría de tener una mayoría judía. Los cambios demográficos destruirían el carácter judío del Estado, aunque no se garantizara a los palestinos la plena ciudadanía. Las consideraciones políticas y demográficas entraron en colisión con las consideraciones económicas y ambas contradecían tanto el imperativo moral kantiano como el mandamiento del sabio judío Hillel de no hacer al «otro» lo que no se desea que el otro le haga a uno mismo. Esta triple contradicción creó una crisis larvada, que dejó al Estado y a la sociedad israelíes sin capacidad para tomar las importantes decisiones políticas que eran necesarias para resolver el conflicto. A medida que pasó el tiempo, la crisis se hizo más explícita y los intereses contradictorios se compusieron con los partidos políticos y se destilaron en identidades personales y grupales, e incluso en varias corrientes religiosas («halcones *vs.* palomas», «derecha *vs.* izquierda» o «sionistas *vs.* postsionistas»).

---

[3] Sharon conoce personalmente el valor de la mano de obra barata debido a que es propietario de la posiblemente sea la mayor granja privada de Israel, la famosa granja Shikmim (Sicomoros). La granja fue comprada a finales de 1972 con dos generosos préstamos concedidos por dos amigos estadounidenses (Meshulam Riklis y Samuel Sax). Cuando Sharon ocupó el cargo de ministro de Agricultura y posteriormente de Infraestructuras, su propiedad le creó algunos conflictos de intereses que solventó alquilando la granja a un amigo. Sharon también es propietario de una casa en la zona oriental árabe de Jerusalén para demostrar la presencia judía e irritar a los árabes. Nunca ha vivido allí pero la casa está sumamente protegida por la policía de fronteras.

En 1977, cuando el bloque nacionalista de derechas encabezado por el Partido del Likud llegó al poder, se esperaba que su primer acto consistiría en una anexión inmediata de toda Cisjordania (a menudo designada por sus nombres bíblicos, Judea y Samaria) y la franja de Gaza, que se contemplan como parte de la Tierra de Israel. Después de todo, éste era el principal puntal del programa electoral del partido y lo que Menajem Begin, líder del mismo, había defendido cuando estaba en la oposición. La anexión de los territorios también fue la razón por la que Ariel Sharon, inmediatamente después de dejar la carrera militar en 1973, animó a algunos pequeños y medianos partidos de derechas y centristas a unirse detrás del veterano líder revisionista del Herut, que hasta entonces había sido contemplado como un eterno partido de la oposición antes que como un partido gobernante.

El pretexto para ignorar esta parte del programa electoral del partido fue proporcionado por Moshe Dayan, la prestigiosa figura del Partido Laborista, que abandonó al partido rival y aceptó ser nombrado ministro de Asunto Exteriores en el nuevo gobierno con la condición de eludir la anexión unilateral. Sin embargo, la verdadera razón para dejar de anexionar los territorios ocupados palestinos, considerados la tierra materna del pueblo judío, era la existencia de una rápidamente creciente población árabe palestina en los mismos. Esta población, junto con los ciudadanos árabes de Israel, transformaría de una sola vez al Estado judío en una entidad binacional aunque no se les otorgaran los derechos inherentes a la plena ciudadanía ni el acceso a los programas sociales asistenciales. Hoy en día, a pesar de la inmigración sin precedentes de más de un millón de no árabes (judíos y gentiles) de la antigua Unión Soviética, el territorio situado entre el Mediterráneo y el río Jordán está integrado por cerca de 5 millones de judíos (y de no árabes) y cerca de 4,5 millones de palestinos (ciudadanos y no ciudadanos).

Los pronósticos demográficos más recientes indican que las cifras de la población futura se inclinarán hacia los palestinos y pondrán más en peligro la escuálida mayoría demográfica judía. Arnon Sofer, un geógrafo de la Universidad de Haifa, calcula que en el año 2020, un total de 15,1 millones de personas vivirán en los territorios históricos de Palestina donde los judíos serán una minoría de 6,5 millones. Además, incluso dentro del propio Israel, en aproximadamente veinte años, la población judía se habrá reducido pasando de la mayoría actual consistente en el 81 por 100 de la población a una mayoría prevista de apenas un 65 por 100 de la misma. El demógrafo Sergio della Pergola, de la Universidad Hebrea, presentó el mismo análisis demográfico y recomendó que las áreas israelíes densamente pobladas con árabes fueran transferidas al Estado Palestino a cambio de los tres bloques de asentamientos judíos más importantes situados en los territorios palestinos ocupados.

En la cultura política israelí existen dos ansiedades existenciales profundamente arraigadas: una se refiere al aniquilamiento del Estado, una cuestión que muchos políticos e intelectuales judíos utilizan, de la que abusan y que manipulan emocionalmente; la otra afecta a la pérdida de la frágil mayoría demográfica sobre la que descansa la supremacía y la identidad del Estado. De hecho, la pérdida de esta mayoría demográfica podría ser el preludio del politicidio y de la eliminación física del Estado. De este modo, el bando anexionista se hallaba en una situación imposible: un imperativo patriótico, consistente en poseer Tierra Santa, contradecía a otro imperativo patriótico, el de asegurar una mayoría masiva de población judía en el país. Esta contradicción interna dio lugar a algunas sugerencias ridículas como la de Moshe Dayan, que proponía una «división funcional» del gobierno entre Israel y Jordania. El núcleo del plan era que Israel debía controlar el territorio militarmente (por razones de «seguridad») y en lo referido a los asentamientos, mientras que Jordania debía controlar política y administrativamente a la población, gestionando todos los servicios y concediendo a ésta todos los derechos de ciudadanía, incluido el derecho a votar y a ser elegido para el Parlamento jordano[4]. Naturalmente, ni los jordanos ni los palestinos estuvieron interesados en tales acuerdos. Es importante destacar que, tal y como se expondrá más adelante, Ariel Sharon sostiene una versión más radical del plan de Moshe Dayan.

---

[4] De hecho, ésta fue la situación de facto durante casi diez años. Los hashemíes estaban interesados en controlar la población de los territorios ocupados para prevenir la reemergencia de una identidad política palestina fuerte y, siguiendo un acuerdo tácito con Israel, continuaban pagando los salarios de los empleados civiles que trabajaban en Cisjordania, incluidos los policías, y dirigiendo el sistema de educación pública. Sin embargo, Jordania no tenía interés en dejar a Israel el control de la tierra y del agua de Cisjordania.

Debe decirse que sólo una exigua proporción de los judíos israelíes, que todavía es menor entre los judíos de la Diáspora, tenía algún escrúpulo moral respecto a privar a millones de árabes palestinos de todos los derechos civiles y de la mayor parte de los derechos humanos. Cuando el filósofo y teólogo Yeshayahu Leibowitz, una de las voces morales de Israel más destacadas, expresó su oposición, su argumento era egoísta pero acertado: la ocupación corrompería a los ocupantes y roería el tejido de la sociedad israelí. Resulta significativo el hecho de que no argumentara que la ocupación era esencialmente inicua. De hecho, muchos de quienes se oponían a la colonización de los territorios ocupados lo hacían en términos prácticos, sosteniendo que empañaría la imagen de Israel y socavaría la legitimidad de su existencia en la región. Estas consideraciones son completamente acertadas, pero deben ir acompañadas de un imperativo moral que afirme inequívocamente que ocupar y subyugar a un pueblo, colonizarlo innecesariamente y robarle la tierra y el agua son pecados graves.

Resulta sorprendente que la elite del bando anexionista esté preocupada, no sólo por la continuidad del «carácter judío» del Estado, sino también por las consecuencias internas a largo plazo que conlleva el dominio de otro pueblo. Sin embargo, la solución contemplada por este grupo es radicalmente distinta a la de retirarse de los territorios ocupados y conceder todos los derechos de ciudadanía a la población palestina de Israel. Un amplio segmento del electorado que votó por Ariel Sharon esperaba que éste proporcionara la «solución adecuada» a los problemas y a las contradicciones internas del ala derecha, pero se preocupaba poco acerca de qué tipo de solución sería ésta. Sharon sabe esto perfectamente y, como se demostrará en este libro, puede que él sea, desde el punto de vista de sus partidarios, la persona adecuada en el lugar adecuado y en el momento adecuado.

2

CONTEXTO HISTÓRICO

La tragedia del sionismo anidaba en su anacronismo, pero esto sólo pudo observarse retrospectivamente. Tras los pogromos ocurridos entre 1880 y 1881 en Europa oriental, oleadas de judíos emigraron a nuevos países de acogida en busca de una vida mejor y más segura. Algunos de ellos llegaron a Tierra Santa, el hogar tradicional de los judíos y el objeto de sus sueños mesiánicos. Sin embargo, la inmensa mayoría de los judíos —incluso después de que la inmigración a Tierra Santa fuera redefinida política y nacionalmente en términos europeos por el sionismo— optó por la salvación personal desplazándose hacia el suroeste, en lugar de la salvación colectiva sugerida por la ideología sionista.

De este modo, entre los 65 millones de europeos que emigraron al Nuevo Mundo durante el siglo XIX, había más de 4 millones de judíos, lo que significa el 6 por 100 de todos los inmigrantes, frente al 1,5 por 100 que representaban en el total de la población de Europa. Durante los primeros veinticinco años del siglo XX, cerca del 20 por 100 de los judíos europeos emigraron a las Américas y sólo un puñado a Sión. Si no hubiera sido por la depresión económica que se inició en los últimos años de la década de 1920 y por las subsecuentes restricciones en materia de inmigración, es más que probable que la mayoría de los judíos europeos hubieran emigrado a Estados Unidos durante la década de 1930, reduciendo así el alcance del Holocausto y evitando posiblemente el establecimiento del Estado judío en Palestina. Pero la historia no presta atención a las hipótesis.

Para la población árabe local, el «regreso» de los judíos, quienes pensaban que eran los propietarios de la tierra después de dos mil años de exilio, sonaba ridículo, inaceptable y peligroso. Para ellos, que en su mayoría había habitado el país durante muchas generaciones, los judíos eran colonizadores europeos que pretendían asentarse en un territorio árabe y expropiarlo bajo la protección de los poderes imperiales. Sus sospechas se confirmaron en 1917, cuando Gran Bretaña, conquistó el territorio del Imperio otomano musulmán y se lo concedió a los judíos, mediante la Declaración Balfour, para crear un «hogar nacional» judío (a saber, un Estado). Las instituciones nacionales árabes en Palestina se formaron rápidamente y desde entonces hasta 1993 rechazaron de manera coherente y firme aceptar ningún derecho moral o político sobre el país.

En Occidente, la reacción ante el sionismo y ante la Declaración Balfour fue en gran medida de apoyo. La cultura protestante judía veía el regreso de los judíos a Sión como una premisa y una promesa teológica, la cual se ha ido expandiendo y politizando gradualmente durante décadas, hasta alcanzar su clímax entre los fundamentalistas cristianos estadounidenses contemporáneos. Los árabes, aparte del romantizado buen salvaje beduino, eran despreciados como un pueblo primitivo no apto para ejercer el derecho de autodeterminación. En los treinta años de gobierno colonial británico (el denominado Mandato), la comunidad étnica judía en Palestina evolucionó como una sociedad viable de colonos inmigrantes que en 1948 se transformó en el Estado de Israel.

Las sociedades de colonos inmigrantes despliegan diferentes políticas hacia la población local. En América del Norte, Australia, y Nueva Zelanda, la mentalidad de fronteras libres ignoraba completamente la existencia de la población local como seres humanos y clasificaba a ésta como un elemento integrante del hostil entorno natural, una actitud que acabó con su genocidio. En Sudáfrica y Rodesia, con los afrikáners, la población local fue utilizada como fuerza de trabajo barata, pero fue estrictamente segregada de la raza blanca gobernante. En América Latina, bajo el catolicismo, los conquistadores adoptaron una estrategia inversa. Después del aniquilamiento y el politicidio de las grandes culturas o civilizaciones locales (como la azteca o la inca) y las conversiones masivas a la cristiandad de la masa de supervivientes locales, los conquistadores estimularon ideológicamente los matrimonios mixtos, si bien en distintos grados. Esta estrategia inclusiva produjo naciones completamente nuevas y racialmente mixtas.

En Palestina, ambas comunidades eran sumamente excluyentes pero económicamente interdependientes en grados diversos. Los judíos dependían parcialmente de la fuerza de trabajo árabe y completamente de los propietarios de la tierra árabes, de quienes adquirieron sus propiedades. Parte de la población árabe disfrutó del aflujo de capital que acompañó a las diferentes oleadas de inmigración judía. Hasta 1948, ni los judíos ni los árabes poseían suficiente fuerza militar y política para prescindir del otro, a pesar de que la gran enemistad existente entre ellos les conducía a violentos enfrentamientos periódicos que culminaron en la gran revuelta arabopalestina que tuvo lugar entre 1936 y 1939.

Es de crucial importancia comprender que la comunidad judía en Palestina estaba construida institucional, cognitiva y emocionalmente dentro de una exclusiva «burbuja» judía. Los diseños del nuevo Estado eran igualmente exclusivos. Se suponía que el Estado judío iba a ser puramente judío y no se prepararon herramientas políticas ni burocráticas para la posibilidad, mencionada en todas las propuestas de partición, de que amplias minorías árabes permanecieran dentro de las fronteras del Estado judío. Esta posibilidad sólo se reconoció en la retórica de la declaración de independencia.

3

PRECEDENTES: LA PRIMERA TENTATIVA DE POLITICIDIO

La colonización de Cisjordania y de la franja de Gaza por los colonos judíos llevó al Estado israelí a un punto muerto. Es imposible comprender las intenciones de Sharon y de sus aliados políticos, o sus supuestas soluciones a este *impasse*, sin conocer lo que ocurrió durante la guerra interétnica de 1948. El «milagro» de 1948 remite al hecho de que los territorios del Estado judío fueron ampliados mucho más allá de las fronteras reservadas para el mismo en virtud de la resolución de Naciones Unidas del 29 de noviembre de 1947. Pero lo que es todavía más importante, desde el punto de vista israelí, es que los territorios fueran casi completamente vaciados de sus habitantes árabes y que la comunidad árabe palestina a la que se enfrentaba dejara de existir como entidad sociopolítica.

El historiador Benny Morris demostró en dos volúmenes distintos (*The Birth of the Palestinian Refugee Problem* y *Righteous Victims: A History of Zionist-Arab Conflict*) lo profundamente arraigada que estaba la idea de «transferencia» de población en la corriente predominante del pensamiento sionista, pero no llegó a establecer la conexión entre estas ideas y los verdaderos acontecimientos de la guerra de 1948. La historia completa de esta limpieza étnica está recogida en el octavo tomo del *Book of Haganah History*, una publicación oficial de la editorial del ejército israelí. Esta colección hebrea jamás ha sido traducida a ninguna lengua extranjera.

De acuerdo con esta publicación, la primera doctrina militar que puede considerarse como una doctrina militar israelí fue el llamado Plan D (*Tochnit Daleth*). Este plan fue desarrollado por el general Yigael Yadin, el cerebro de la brigada de operaciones de las fuerzas armadas israelíes (creadas oficialmente el día 31 de mayo de 1948), y fue lanzado el 10 de marzo de ese mismo año, adelantándose a los esperados enfrentamientos militares entre la comunidad judía, que se hallaba inmersa en el proceso de construcción de su Estado y la comunidad árabe, a favor de la cual se esperaba que intervinieran las fuerzas militares de los Estados árabes. En el preámbulo del plan, Yadin sostenía:

> [El] objetivo de este plan es el control del área del Estado judío y la defensa de sus fronteras [tal y como se determinan en el Plan de Partición de la ONU] y de los grupos de asentamientos [judíos] situados fuera de los límites [asignados por la ONU al Estado judío], frente a las fuerzas enemigas regulares e irregulares que operan desde bases ubicadas en el exterior y en el interior del Estado [judío].

Además, el plan sugería las acciones siguientes, entre otras, para alcanzar estos objetivos:

> [Acciones] dirigidas contra los asentamientos enemigos localizados en nuestros sistemas de defensa, o cerca de ellos [*i.e.,* los asentamientos y localidades judías], con el objetivo de evitar que sean utilizadas como bases por parte de fuerzas armadas activas [hostiles]. Estas acciones deberían ejecutarse como sigue: la destrucción de pueblos mediante fuego, explosivos y minas; especialmente de aquellos pueblos sobre los que no se puede lograr un control [permanente]. La obtención del control se consumará de acuerdo con los siguientes métodos: rodear los pueblos y proceder a su registro, en caso de resistencia destruir sus fuerzas y expulsar a la población más allá de las fronteras del Estado.

Al igual que en muchos otros casos, lo que a primera vista parece una doctrina puramente militar y limitada, que preparaba el terreno para una posible invasión de los ejércitos árabes, de hecho comprendía medidas de gran trascendencia que conducirían a una completa transformación demográfica, étnica, social y política de Palestina, que pasaría de ser un territorio árabe a convertirse en un Estado judío. El Plan D no fue, como tantos planes militares, formulado por una junta de generales y después abandonado en un cajón, sino que realmente se llevó a la práctica. El 14 de mayo de 1948, se declaró el Estado D (de emergencia) y todas las unidades de combate recibieron la orden de ejecutar este plan.

Mediante el cumplimiento de este plan y ateniéndose al espíritu de esta doctrina, las fuerzas militares judías conquistaron cerca de 20.000 kilómetros cuadrados de territorio (frente a los 14.000 kilómetros cuadrados que les fueron concedidos por la resolución de partición de la ONU) que limpiaron casi completamente de sus habitantes árabes. Aproximadamente 750.000 árabes que vivían en los territorios antes de caer bajo control judío se convirtieron en refugiados después de la guerra de 1948. Menos de 100.000 permanecieron bajo control judío después de la conclusión de los acuerdos de alto el fuego con los Estados árabes, que habían invadido el país, bien para ayudar a sus hermanos palestinos a evitar el establecimiento del Estado judío, bien, simplemente, para compartir el botín. Unos 50.000 árabes más fueron incluidos dentro del territorio del Estado de Israel tras los acuerdos de armisticio entre Israel y Jordania por los que se transfirieron varios pueblos árabes al gobierno israelí. Desde este punto de vista, la doctrina establecida por el Plan D reunía los requisitos de la guerra intercomunitaria y también de la subsiguiente etapa de guerra interestatal, después de que el enemigo comunitario interno fuera eliminado[5].

Además, la doctrina era un claro reflejo de las aspiraciones ideológicas sionistas locales depositadas en adquirir el máximo territorio judío, sin escisiones y limpio de la presencia árabe, como una condición necesaria para establecer un Estado nacional exclusivamente judío. Hasta la guerra de 1948, los organismos públicos y los inversores privados judíos sólo habían conseguido comprar un 7 por 100 del territorio de Palestina, lo que se reveló suficiente para erigir una comunidad viable, pero agotó sus recursos financieros y no consiguió proporcionar las reservas de tierra necesarias para la expansión de la Palestina judía. En aquel momento, decidieron utilizar los sables en lugar del dinero para expandir consi-

---

[5] De hecho, los ejércitos de los Estados árabes estaban utilizando la caduca doctrina de que las tropas militares en el frente deben conquistar y destruir cualquier asentamiento o fuerzas de la resistencia con el fin de evitar dejar desprotegidas sus líneas y flancos en la retaguardia. Si hubieran utilizado la doctrina alternativa consistente en un avance veloz hacia los centros de población más importantes del enemigo y de sus principales concentraciones de tropas, probablemente el resultado obtenido en la guerra de 1948 hubiera sido completamente diferente.

derablemente sus recursos territoriales. El régimen colonial británico brindaba el paraguas militar y político bajo el cual la empresa sionista tenía la capacidad de desarrollar su sistema institucional, económico y social básico, pero también protegía los intereses esenciales de la colectividad árabe. Con la retirada del paraguas británico, la comunidad árabe y la judía se encontraron frente a frente, en lo que parecía una situación de suma cero. Cuando se rechazó el plan de partición, la comunidad árabe y sus líderes confiaron no sólo en su derecho absoluto a controlar todo el país, sino también en su capacidad para hacerlo. Los líderes de la comunidad judía sabían que no tenían suficiente poder como para controlar todo el territorio de Palestina y expulsar o dominar a su mayoría árabe y por ello aceptaron el plan de partición, pero volcaron todos sus esfuerzos en mejorar sus términos y en expandir al máximo sus fronteras, tratando al mismo tiempo de que las mismas incluyeran el mínimo posible de población árabe.

A pesar del gran alcance de sus consecuencias e implicaciones políticas, ninguna prueba fehaciente acredita que el Plan D haya sido jamás adoptado oficialmente a nivel político, ni siquiera que haya sido discutido en estos términos. Si yo aplicara someramente la teoría de la conspiración, podría concluir que muchos líderes nacionales sabían perfectamente que había planes y órdenes que era mejor que no fueran discutidas ni presentadas oficialmente. En cualquier caso, la forma en la que se ejecutaron las operaciones militares judías en 1948 no permite dudar del hecho de que efectivamente ésta fue la doctrina utilizada por las fuerzas militares judías durante la guerra, ni tampoco del espíritu y las ideas que estaban detrás de aquéllas.

La mayor parte de la población israelí no combatiente e incluso los soldados que llevaron a cabo la política de limpieza étnica no eran forzosamente conscientes de las consecuencias de sus actos, dado que sólo poseían la imagen local y fragmentada del campo de batalla como un área de limpieza. Varios años después de la guerra, el gran novelista israelí Yizhar Smilansky escribió una breve historia titulada «Chirbet Hizza». La historia narraba los sentimientos de un sensible joven soldado israelí que cumplía la orden de poner a todos los habitantes de un pueblo árabe en un camión para ser deportados más allá de la frontera. Smilansky relataba los conflictos internos y las vacilaciones morales de este joven personaje y su vergüenza ante las personas desarraigadas. El escritor no escamoteaba las indirectas sobre las similitudes entre la evacuación de los árabes y la evacuación de los judíos por los nazis en Europa. Por otro lado, el joven soldado imaginaba felizmente el bello *kibbutz* judío que se establecería sobre la tierra confiscada. Smilansky también retrataba cómo su personaje, el único soldado en la unidad que tenía dudas morales sobre la ejecución de las órdenes, era objeto de burlas por parte de sus compañeros de unidad.

De este modo, durante la primera etapa de la guerra de 1948, la comunidad judía fue capaz de llevar a cabo una limpieza étnica prácticamente completa de la comunidad enemiga, un proceso que en aquella época fue aceptado por la mayor parte de la comunidad internacional como una consecuencia natural de la guerra. Se trataba de una guerra total y si los árabes hubieran ganado, se hubiera esperado de ellos que aniquilaran a los judíos de Palestina y no sólo que cometieran un politicidio. Cuando se contemplan en este contexto, las razones de esta consecuencia de la guerra se hacen evidentes por sí mismas. Además, todo esto se producía sólo tres años después del terrible genocidio nazi perpetrado contra el pueblo judío y en una época en la que millones de personas refugiadas y desplazadas todavía vagaban por Europa después de los estragos de la Segunda Guerra Mundial. Hoy en día, muchos palestinos sostienen que ellos han pagado el precio más alto por los crímenes cometidos por Europa contra el pueblo judío.

Durante los últimos dos días de lo que arrogantemente ha sido llamado la Guerra de los Seis Días, se produjo un precedente que ha sido menos conocido y documentado. Tras la decisiva derrota propinada por Israel a los ejércitos egipcios y jordanos y a las fuerzas aéreas sirias (las fuerzas aéreas de la mayoría de los Estados árabes vecinos fueron destruidas en tierra por una ataque sorpresa bien preparado de las fuerzas aéreas israelíes), la contundente presión de los *kibbutzim*[6] del norte del país exigió que el gobierno y la junta de generales se apoderaran de los Altos sirios, posteriormente rebautizados como Altos del Golán. Durante años, estos asentamientos sufrieron duros bombardeos por parte de la artillería siria –algunos de ellos después de provocaciones de Sharon, cuando él mismo estaba al mando de una brigada en el frente del norte– y continuos enfrentamientos militares entre Israel y Siria por las fuentes del río Jordán.

---

[6] Plural hebreo de *kibbutz* [N. de la T.].

En aquel momento, los asentamientos percibieron que tenían delante una oportunidad única para escapar a la amenaza siria y para vengarse, pero por encima de todo ansiaban la tierra fértil y la abundante agua del territorio. Después de dos días de sangrientas batallas, Israel conquistó el territorio (incluida la ciudad más cercana a Damasco, Quneitra, la cual ha sido devuelta a Siria) y expulsó a cerca de 80.000 campesinos árabes sirios, antes de arrasar casi 130 pueblos. Únicamente los pueblos drusos permanecieron indemnes después de la intervención de los drusos israelíes, que los consideraban férreos aliados de Israel y que son el único grupo étnico no judío, además de la pequeña comunidad circasiana, cuyos miembros son reclutados por las fuerzas armadas israelíes. En 1982, este territorio fue anexionado a Israel y colonizado, mientras que Jerusalén oriental fue anexionado inmediatamente después de la guerra de 1967 y se convirtió en parte de la «ciudad reunificada».

Actualmente, algunos de los líderes y personalidades públicas más chovinistas de Israel han adoptado explícitamente la idea de una política de limpieza étnica y sólo esperan el momento apropiado para implementarla, mientras que la mayor parte del resto de políticos de derechas, entre los que se encuentra Sharon, permanece en silencio y nunca expresa reservas morales sobre la misma[7]. Una excepción destacada es Benjamin Z. Begin, el hijo del fallecido Menajem Begin. Resulta revelador que hasta comienzos de este siglo la propia existencia de la limpieza étnica ocurrida en 1948 fuera firmemente rechazada y negada por los líderes, los intelectuales e incluso los historiadores israelíes, exceptuando a un puñado de historiadores y sociólogos disidentes que fueron acusados de falsificar la historiografía israelí por razones ligadas a sus inclinaciones

---

[7] Algunos ejemplos de estas personalidades son Rehavam Zeevi, recientemente asesinado por un comando palestino; el rabino Benny Elon, antiguo y actual líder del partido Moledet; Avigdor Lieberman, líder de uno de los partidos rusos; y Ephraim Eitan (Fein), líder del importante y respetado Partido Nacional Religioso. También se pueden añadir a la lista los nombres de muchos destacados religiosos nacionales y rabinos ortodoxos. El defensor original de la limpieza étnica forzosa de la totalidad de los árabes de toda la Tierra de Israel fue Meir Kahane, cuyo partido Kach ganó un asiento en la Knesset en 1984. En 1985, fue aprobada una enmienda que prohibía abiertamente a los candidatos racistas aspirar a la Knesset. Para esquivar esta ley, los seguidores de Kahane adoptaron la expresión en clave «transferencia voluntaria». Sin embargo, dado que todo el mundo sabe que sólo una insignificante minoría de árabes elegirá irse voluntariamente, esta nueva formulación se entiende como una mero gesto formal de sumisión a la ley antirracista.

antisionistas y autodestructivas o con el objetivo de alcanzar la fama personal. Según la versión oficial de la «huida árabe», ésta se explica por el temor árabe a la inestabilidad interna (lo que es acertado respecto a una minoría de palestinos árabes de clase media y alta) y por la invitación de los líderes de los Estados árabes a dejar el país para dejar espacio a los ejércitos árabes invasores que aniquilarían la entidad judía (un argumento completamente falso). Posteriormente, cuando se pidió a Israel que aceptara el retorno de los refugiados, éste lo rechazó blandiendo el argumento de que se había realizado un intercambio de población y de propiedades: Israel «absorbía» a los judíos perseguidos en los territorios árabes y a cambio los Estados árabes recibían a sus hermanos palestinos y las propiedades de la mayor parte de los judíos iraquíes y egipcios.

Si bien hoy en día no es tan habitual negar la limpieza perpetrada en 1948, aún no es un hecho comúnmente admitido en Israel. Sin embargo, un grupo selecto de líderes de la derecha y de colonos la consideran no sólo como un precedente, sino como la primera etapa de un proceso que sigue en marcha. Según esta opinión, la propia supervivencia del Estado pende de un hilo a menos que cuanto antes los territorios judíos se purifiquen de árabes. Actualmente, la coalición en el gobierno integra partidos que promueven la «transferencia» de la población palestina como solución al «problema demográfico». Los medios de comunicación divulgan con frecuencia declaraciones de políticos, entre los que se encuentran el miembro de la Knesset Michael Kleiner y Benny Elon, ministro de Transportes, que sugieren la expulsión forzosa de los árabes del país. En una entrevista reciente en *Haaretz*[8], el jefe del Estado Mayor, Moshe Yaalon, describía a los palestinos como si se trataran de una «manifestación cancerosa» y equiparaba las acciones militares en los territorios ocupados con la «quimioterapia», sugiriendo que puede que sea necesario un tratamiento más radical. El primer ministro, Sharon, ha dado su apoyo a esta «apreciación de la realidad». La creciente demagogia racista referida a los ciudadanos palestinos de Israel puede servir de indicio para medir el alcance de los crímenes que posiblemente estén siendo considerados, quizá planeados, y que sólo esperan el momento oportuno para ser llevados a cabo.

---

[8] *Haaretz {La Tierra}* es uno de los periódicos de mayor tirada en Israel [N. de la T.].

4

IDEOLOGÍA Y PRÁCTICAS MILITARES

Las condiciones militares globales, sociales y políticas que en 1947 llevaron a la formulación de la doctrina militar de Yigael Yadin han cambiado considerablemente desde marzo de 1948. Una transformación que en parte se debe al éxito alcanzado en la implementación del plan de Yadin. Sin embargo, algunas de las premisas básicas y de las concepciones ideológicas subyacentes al Plan D aún existen y se encuentran profundamente arraigadas en el pensamiento social y militar israelí y, lo que es más importante, en la interacción entre ambos. Una de las premisas más elementales es la preocupación en torno al hecho de que existe una asimetría demográfica entre los bandos combatientes, ya que los judíos siempre son «los pocos» y los árabes siempre son «los muchos». Sin embargo, Yadin no reconocía explícitamente que su orden de destrucción de los pueblos árabes hostiles sobre los que las fuerzas judías no podrían conseguir un control permanente estuviera enraizada en la escasez de mano de obra y en la incapacidad para formar un ejército permanente capaz de ejercer un control directo sobre la población árabe hostil que había caído bajo el dominio judío. La mayoría de los pueblos y barrios musulmanes y algunos árabes cristianos son considerados hostiles por definición. Incluso, algunas poblaciones árabes definidas como afines fueron transferidas, como ocurrió por ejemplo con los pueblos maronitas de Birm e Iqrit o con el céntrico barrio musulmán de Haifa. La hipótesis de la asimetría demográfica se

convirtió en el punto de partida de todas las formulaciones posteriores de las doctrinas de la seguridad nacional, entre las que se encuentra la reciente formulación elaborada por el general israelí Tal y di-
vulgada en 1996, que se basa en las consecuencias militares, sociales
y políticas de la presuposición de los «pocos contra los muchos».

La inmensa discrepancia demográfica entre la sociedad colona
judía y su entorno árabe es quizás el principal ingrediente fáctico y
objetivo de todo el discurso de la seguridad nacional israelí. Sin embargo, incluso en este caso, los estrategas militares tienen un amplio
margen de libertad para barajar distintas fronteras en las relaciones
entre judíos y árabes. Estas fronteras deben dividirse de la siguiente
manera: el propio círculo palestino tiene al menos tres subdivisio-
nes que distinguen entre los ciudadanos palestinos de Israel, los palestinos que se encuentran dentro de los territorios ocupados después de la guerra de 1967 y los palestinos que se hallan dispersos
por todo el mundo (o en la *gurba*, el exilio palestino). Después están los Estados árabes que rodean Israel (Líbano, Siria, Jordania y
Egipto). Los Estados árabes que no limitan con Israel (Irak, Arabia
Saudí, los Estados del Golfo, Libia, etc.) están incluidos en el siguiente círculo y cuando se consideran junto con los Estados limítrofes, en ocasiones se les designa como Mundo Árabe. Cuando el
conflicto se contempla como una guerra religiosa, el círculo podría
comprender todo el mundo islámico, incluidos Irán, Pakistán e
Indonesia. Antes de su derrumbe, en algunas ocasiones se consideraba que el bloque soviético era parte integrante del conflicto,
pero en este caso la situación debería haber sido considerada como
una confrontación entre superpotencias. Esta percepción todavía
perdura bajo la forma de una visión imprecisa de «Occidente *versus*
el resto», especialmente en el contexto de una supuesta guerra
mundial contra el terrorismo internacional, la cual ha sido desme-
suradamente hipertrofiada por George W. Bush tras la catástrofe
del 11 de septiembre de 2001.

Además de ello, algunas subculturas judías xenófobas se aferran
a una concepción metafísica del orden cósmico que considera que
todo el mundo no judío, o al menos la mayor parte del mismo, está
en contra el pueblo judío. Resulta significativo que durante las décadas de 1960 y 1970 la letra de una de las canciones hebreas más
populares decía «todo el mundo esta contra nosotros» (*ha'olam qulo
negdenu*) e incluía el subtexto de que Dios «nos» salvará y de que
ésta es la razón por la que los judíos disfrutan, en último término,

de protección. Por consiguiente, incluso el elemento más cuantificable, objetivo y fáctico –el número de los enemigos– puede ser objeto de manipulación y de construcción social.

Se ha insistido constantemente en la importancia de los asentamientos como parte integral del esfuerzo por la construcción del Estado, como parte del sistema de defensa y, ante todo, como instrumento para definir las fronteras geográficas, sociales y políticas del Estado. Una de las consecuencias de esta visión fue la decisión tomada en 1947 de defender todos los asentamientos defendibles, aunque estuvieran localizados fuera de las fronteras de los territorios asignados al Estado judío. Esta doctrina militar se complementaba con la decisión de destruir las 370 localidades árabes que se consideraba que ponían en peligro el acceso a los asentamientos judíos, incluidos aquellos ubicados fuera de las fronteras recogidas en el plan de partición de 1947, y de expulsar a sus habitantes. Por consiguiente, aunque el sistema político de 1948 aceptaba el plan de partición, el sistema militar tomó la decisión doctrinal que alteró enormemente sus principios. Este patrón de someter las decisiones políticas a necesidades cuasi militares pero de hecho ideológicas iba a repetirse muchas veces en el futuro.

Del análisis expuesto se deduce que la doctrina de la macroseguridad adoptada por el régimen militar judío fue, casi desde el principio, ofensiva por naturaleza. Posteriormente, los rasgos ofensivos de la doctrina militar israelí fueron sumamente desarrollados y elaborados. Algunos expertos militares añadieron al carácter ofensivo de la practicas bélicas israelíes el llamado enfoque indirecto, atribuido al experto y analista militar británico B. H. Liddell Hart. Este enfoque implicaba la concentración ingente de fuerzas, el engaño, el ataque sorpresa a los puntos débiles y desprotegidos del enemigo utilizando medios no convencionales y, seguidamente, la inmediata explotación del éxito previsto. El politólogo y analista militar israelí Dan Horowitz añadió a esta estrategia la dimensión adicional de la «reacción flexible». Horowitz describía el sumamente móvil campo de batalla como una situación caótica en la que las supuestas cadenas de mando y de comunicación dejan de existir. En una situación como ésta, las pequeñas unidades aisladas deben operar siguiendo su propia iniciativa, suponiendo lo que el alto mando espera de ellas. Afirmaba que él atribuía a los soldados israelíes la cualidad de ser flexibles que se explica por la forma de socialización israelí, mientras que los soldados árabes carecían de ella y, por ello, normalmente dependían en grado sumo de la cadena ordinaria de mando. Se trata de un ejemplo sofisticado de la mitologización de los militares israelíes y de su sociedad, un fenómeno extendido entre 1956 y 1973 y utilizado para depurar y glorificar los éxitos militares de Israel y su indiscutible superioridad en la región. Posteriormente, muchos de los fracasos militares israelíes fueron atribuidos al mismo servicio indisciplinado prestado por los soldados y a las iniciativas particulares que Horowitz había elogiado. La ruptura de la cadena de mando se produjo durante la guerra de 1967, cuando los oficiales de alto rango, incluidos coroneles y generales de división, tomaron el control de las pequeñas unidades y se involucraron directamente en las batallas, como ya había hecho muchos años antes Ariel Sharon. Esta mezcla de doctrinas y prácticas militares racionales con concepciones ideológicas profundamente arraigadas ayudaron a crear un clima en el que la guerra que se produjo en 1967, una guerra que Israel llevaba tiempo buscando, fue un acontecimiento inevitable.

5

CONSTITUCIÓN DE UNA REPÚBLICA *HERRENVOLK*

Para la mayoría de los judíos israelíes, la conquista de todo el territorio colonial palestino británico, así como de la península del Sinaí (antes de que fuera devuelta a Egipto, como primera parte del acuerdo basado en territorio a cambio de paz) y los Altos sirios (Golán), era una oportunidad para revitalizar el carácter de Israel como una sociedad de colonos inmigrantes en pos de la frontera. Se abrieron nuevas tierras para los asentamientos judíos, especialmente en el núcleo de los territorios comprendidos por los antiguos reinos mitológicos judíos, que constituyen un elemento esencial de la conciencia mítica judía. La toma de muchos lugares sagrados para los judíos, que habían estado controlados por los jordanos con anterioridad a 1967, sirvió para reforzar, dentro de la sociedad judeoisraelí, los sentimientos religiosos y mesiánicos, las orientaciones chovinistas y el afán de asentamiento. Estos factores contribuirían en gran medida a la crisis que se avecinaba. El alcance, la facilidad y la celeridad de la victoria de 1967 se percibieron, incluso por personas no religiosas, como una señal de la gracia divina y de la supremacía de la presencia judía en la región. Sólo el miedo a las consecuencias demográficas que podría tener la incorporación al Estado judío de un elevado número de población árabe, que crecía a un fuerte ritmo, evitó la plena anexión *de iure* de los territorios ocupados. Por un lado, los territorios conquistados se definieron como estratégicamente vitales para la defensa futura de Israel, mientras que, por otro, se consideró que eran canjeables a cambio de paz.

Desde el comienzo de la ocupación, Fatah y otras organizaciones políticas y guerrilleras trataron de iniciar la resistencia popular y la lucha de guerrillas dentro de los territorios ocupados, pero sus esfuerzos se toparon con un éxito limitado. Un número cada vez mayor de trabajadores palestinos empezó a buscar trabajo dentro de Israel y en un periodo aproximado de dieciséis años estos trabajadores se convirtieron en la principal fuente de mano de obra en los mercados de trabajo manual como la agricultura, la construcción y la limpieza. Los productos israelíes también inundaron el mercado palestino de bienes para el consumo. Incluso el boicot árabe a todos los productos israelíes fue eludido haciendo pasar por árabes los productos israelíes y exportándolos luego a los Estados árabes a través de Cisjordania y de la franja de Gaza. La dependencia económica de Israel exhibida por la población de los territorios ocupados –así como la dependencia demostrada por Israel del mercado de trabajo de baja cualificación y de baja remuneración– se implantó en el periodo posterior a 1967 y ha continuado haciéndose más honda desde entonces.

En el periodo posterior a 1967, los israelíes emplearon simultáneamente dos modelos informales. Uno era el llamado Plan (Yigal) Allon, que vislumbraba un nuevo trazado de las fronteras de Israel estableciendo asentamientos fronterizos en las tierras escasamente pobladas del valle del Jordán. El otro modelo conjeturaba que debe reforzarse la presencia judía en las áreas palestinas con más densidad de población, en aras a evitar cualquier posibilidad futura de perder parte de Tierra Santa. Esta estrategia suponía implícitamente que los asentamientos judíos no serían «extirpados» y que la tierra sobre la que estaban construidos se convertiría en parte del eterno legado de la colectividad judía. Esta última suposición se reveló completamente infundada tras los acuerdos de paz de Camp David alcanzados entre Egipto e Israel, en los que se convino que el intercambio de territorios a cambio de paz era un principio válido.

Tras la victoria de 1977 del partido de derechas Likud, los territorios de la península del Sinaí fueron devueltos a Egipto. Sin embargo, al mismo tiempo, la colonización de los enclaves de territorios centrales de la tierra bíblica de Israel –Cisjordania– pasaban a colocarse en la primera línea de la agenda nacional. El motor principal que animaba este esfuerzo colonizador era el desarrollo de un movimiento colonizador religioso y sociopolítico llamado Gush Emunim (El Bloque de los Fieles) y su rama colonizadora, Ammana.

Gush Emunim surgió a partir de una ramificación del movimiento de protestas masivas nacido del creciente descontento que se produjo al finalizar la guerra de 1973, un guerra en la que Israel se vio sorprendido por un ataque de las tropas sirias y egipcias que causó un elevado número de bajas. La guerra de 1973 hizo que se pusiera en cuestión la superioridad militar de Israel en la región y fortaleció de nuevo la imagen de vulnerabilidad del Estado israelí. Entre las décadas de 1970 y de 1990, el núcleo duro de los colonos religiosos creó la infraestructura territorial para una nueva sociedad en «Judea y Samaria». El asentamiento territorial no formaba parte únicamente de una misión política nacional de conquista y ocupación que implicaba la confiscación de los territorios «originarios» y la expansión de las fronteras del Estado israelí, sino que también construía la infraestructura que permitiría el establecimiento de una comunidad moral que iba a ser gobernada de acuerdo con las leyes de la *Halacha* y con el criterio de los rabinos. Parecía que Gush Emunim blandía las armas para conquistar no sólo el área de las montañas (tanto geográfica como simbólicamente), sino los corazones del resto de la población judía del país. Intentaban erigirse a sí mismos como los sustitutos de los combatientes colonos seculares *sabra-kibbutznik*[9] y, lo que es más importante, ocupar su lugar como la vanguardia sionista en Israel. El mensaje era extenderse, desde las áreas de Judea y Samaria, por todo el país.

Los revolucionarios religiosos nacionalistas, impulsados por una aspiración de realización personal y por una ardiente fe en sí mismos en calidad de representantes del interés (considerado) colectivo y del «judío auténtico y puro», tenían como objetivo establecer un Estado *haláchico* moderno en lugar de aquel que había sido corrompido en las etapas anteriores del «regreso a Sión». El éxito de esta revolución devota parecía asegurado debido a la ausencia de ninguna ideología rival verdaderamente atractiva que pudiera proporcionar una respuesta a la situación política y social producto de las guerras de 1967

---

[9] Israelíes que son hijos de las primeras oleadas migratorias judías y han nacido en Palestina [N. de la T.].

y 1973. En este sentido, los asentamientos y los colonos instalados en los territorios ocupados eran sólo la punta del iceberg. Los individuos y los grupos nacionalistas religiosos que no se habían asentado en éstos y que no eran partidarios –o incluso que estaban en contra– de la concepción política activista de Gush Emunim acabaron compartiendo la sublime aspiración de transformar el Estado de Israel en un Estado cuyo carácter judío fuera lo más acusado posible. Aunque la marca de «judeidad» patentada por Gush Emunim estaba dominada por elementos religiosos, su espíritu pionero, su renovado activismo y su compromiso con la seguridad de los asentamientos cautivó a muchos grupos pertenecientes a la elite, incluso seculares. Además, mediante la apertura de las fronteras y la adquisición del control sobre la totalidad de la tierra que había sido el objetivo original de la colonización sionista, Gush Emunim volvió a despertar los aletargados códigos de la cultura política de los colonos inmigrantes que habían perdido su vigencia desde 1948. De este modo, las elites seculares podían convertirse en compañeras de Gush Emunim mediante una empatía selectiva con el código religioso judío (*Halacha*) y una simpatía más cardinal con los actos cometidos por el mismo.

La aparición del activismo nacionalista religioso, que en primer lugar cuestionó la hegemonía política secular socialista, estaba precedida de una merma paulatina de poder, de prestigio y de eficiencia por parte de las instituciones estatales (por ejemplo, la militar) y, particularmente en la situación producida por la guerra de 1973, de una pérdida de centralidad de la idea del Estado. La fuerza de Gush Emunim se derivaba de la promesa de un resurgimiento del poder estatal, el cual santificaban, y del que se atribuían a sí mismos la defensa de sus intereses, tal y como ellos los definían.

Como he indicado previamente, desde 1967 Israel ha gobernado de manera directa –e indirecta desde 1994– a millones de residentes árabes que carecen de todos los derechos civiles y de la mayor parte de los derechos humanos fundamentales. Por un lado, Israel no anexionó los territorios ocupados junto con su población (exceptuando Jerusalén occidental y los Altos de Siria, o del Golán) porque no quería conceder a ésta derechos civiles como, por ejemplo, el derecho a votar y a ser elegido. Por otro lado, Israel ha utilizado libremente todos los recursos materiales y humanos (tierras, agua, etc.) de los territorios como si pertenecieran al Estado judío. A medida que pasó el tiempo y que esta situación se institucionalizó, Israel dejó de ser un Estado verdaderamente democrático y se convirtió en una democracia *Herrenvolk* [del pueblo dominante]. Este término, acuñado para describir a la situación de Sudáfrica bajo el *apartheid*, describe un régimen donde un segmento de sus sujetos (los ciudadanos) goza de plenos derechos y otro segmento de los mismos (los no ciudadanos), no goza de ninguno. Las leyes israelíes se han convertido en las leyes de un pueblo dominante, y la moralidad, en la de los señores de la tierra. Cuando a Israel le conviene, los residentes de los territorios ocupados son parte del Estado; cuando no le conviene, están fuera del mismo. El gobierno israelí ha creado un doble sistema legal, un doble régimen y una doble moralidad.

Sin embargo, nunca fue inequívoco. Los diferentes grupos políticos israelíes sacaron lecciones distintas de la guerra de 1973. Hubo quien extrajo la conclusión de que la paz era una necesidad y de que Israel debe estar preparado para hacer concesiones territoriales para conseguirla (la mejor muestra de esta lógica está representada por el movimiento Paz Ahora y por otros activistas por la paz más radicales). Como era de esperar, sostenían que manejar a cerca de 3,5 millones de palestinos era peligroso para la composición étnica y para la seguridad del Estado nación judío. Las interpretaciones de la situación y las conclusiones a las que se llegó desde el otro extremo del espectro político fueron que una entidad política judía en la región no tenía posibilidades de ser aceptada y que únicamente su fuerza militar y política, incluyendo el control de la mayor porción de territorio que fuera posible, podría asegurar su existencia. Con el tiempo, la brecha entre estas dos posturas ensombreció todos los demás problemas sociales y políticos del Estado israelí y se transformó en una guerra cultural global. De hecho, la batalla interna no versaba sólo sobre las fronteras geopolíticas del Estado judío y sobre la colonización de los territorios ocupados, sino sobre el carácter y el régimen del Estado en su conjunto. A ello debemos sumar que la propia existencia de los dos bandos —así como la relativa pasividad, e incluso la cooperación, respecto a la ocupación por parte de una generación de palestinos— creó un periodo dilatado y único de *temporalidad permanente* que dio lugar a la percepción interna e internacional de que la situación era a corto plazo irreversible. Esta percepción brindó un lapso de tiempo que sirvió para colonizar al menos una parte del territorio sin que se produjera ninguna oposición relevante, ni por parte de los israelíes ni de la comunidad internacional ni de los propios palestinos.

Políticamente, la relación de fuerzas entre los dos bandos osciló durante toda una generación y varió en función de diversos acontecimientos domésticos y externos. Sin embargo, a largo plazo, a medida que aumentaba el número y el tamaño de los asentamientos, lo que parecían sobre el terreno hechos irreversibles, en la práctica, reavivaba el poder político de las facciones nacionalistas religiosas y chovinistas. El creciente poder político del bando chovinista también amplió su capacidad para sumar más recursos humanos, políticos y materiales para hacer realidad su proyecto de expropiación de la tierra en los territorios ocupados. La cuestión en disputa no era sólo el número de colonos y de asentamientos, sino también su localización. Los líderes de los colonos, con la ayuda de Ariel Sharon, adoptaron la estrategia de extender los asentimientos por todos los territorios ocupados, tanto para establecer una continuidad entre los territorios judíos como para fragmentar y aislar las zonas palestinas.

Resulta interesante el hecho de que la primera presencia judía permanente en los territorios ocupados —establecida en concomitancia con un asentamiento en el antiguo puesto de Sabatia, cerca de la ciudad árabe de Hebrón, poblado por el misterioso y etnocéntrico grupo del rabino Moshe Levinger— fuera una serie de bases de entrenamiento militar israelí establecidas por Ariel Sharon en su papel de jefe de las Academias de Instrucción Militar y, posteriormente, de ministro de Agricultura, así como de ministro de Infraestructuras Nacionales.

En 2002, aproximadamente 300.000 judíos distribuidos en 160 asentamientos habían colonizado Cisjordania y la franja de Gaza, sumando cerca del 15 por 100 del total de la población de la zona. El 65 por 100 de este grupo vivía en diversas ciudades-asentamientos de gran tamaño, donde la mayoría de los residentes tenía su empleo dentro de la frontera israelí (o de la Línea Verde del alto el fuego de 1949). En síntesis, este empuje colonizador no consiguió alcanzar su objetivo fundamental consistente en establecer una presencia judía en los territorios ocupados que fuera tan masiva como para hacer imposible cualquier eventual retirada. Las raíces de este fracaso se hunden en el hecho de que, a diferencia de los primeros esfuerzos colonizadores israelíes, este intento no gozó de un amplio consenso entre los ciudadanos judíos de Israel.

Sin embargo, se produjo la suficiente actividad colonizadora judía como para amenazar con tomar el control de los limitados recursos de agua y de tierras de Palestina.

A grandes rasgos hay dos tipos de colonos. Aproximadamente la mitad de los mismos está comprometida, por razones ideológicas o religiosas, con la colonización de la Tierra de Israel y con provocar un *fait accompli* territorial y político. La otra mitad se compone de judíos israelíes que buscan una vivienda barata y un aumento de su calidad de vida (los asentamientos reciben cuantiosas subvenciones del gobierno). Aunque el proceso de asentamiento no se llevó a cabo bajo el paraguas de un consenso ideológico que aglutinase a toda la nación y fue objeto de una grave controversia dentro del régimen judío que causó una escisión política y social entre los llamados *halcones* y *palomas,* hay que reconocer que los asentamientos no hubieran sido establecidos si el Estado israelí no hubiera considerado que estos territorios eran una zona de frontera abierta. El primero de estos dos grupos cree que Israel debe adoptar una política activa e inflexible hacia los árabes en general y hacia los palestinos en particular. Esto incluye la anexión *de facto* o incluso *de iure* de las tierras del Gran Israel, lo que se justifica mediante una combinación de preocupaciones securitarias, nacionalistas y/o religiosas.

6

UNA INFANCIA EN LA PALESTINA COLONIAL

En 1982, Ariel Sharon alcanzó la fama y la celebridad internacionales cuando, siendo ministro de Defensa en el gabinete de Menajem Begin, se convirtió en el artífice principal de la invasión israelí del Líbano, la primera guerra entre israelíes y palestinos. También fue el mayor responsable israelí de la masacre de palestinos civiles por parte de los aliados falangistas de Israel en los campos de refugiados de Sabra y Shatila. Aunque *Arik* –el apodo de Ariel Sharon– se hizo mundialmente famoso durante la invasión, desde la segunda mitad de la década de 1950 ha sido un héroe cultural en Israel, principalmente entre la juventud y dentro del círculo de la clase dirigente militar.

Ariel Scheinerman (Sharon) nació en 1928 en una pequeña cooperativa agrícola, Kfar Malul, situada a veinticinco kilómetros aproximadamente al norte de Tel Aviv, en la zona central de la Palestina colonial británica. Su infancia no fue muy feliz, principalmente debido al comportamiento arrogante e insolidario de su padre hacia sus vecinos. Muchos años después, Sharon escribiría con amargura en su autobiografía:

> [Las] tensiones sociales [en la aldea] no se restringían a los adultos. En un pueblo con tan pocas familias, no había forma de evitar que los niños también las sintieran. Yo sufría por ello, sentía que las fricciones entre mis padres y muchos de sus vecinos depositaban en mí una enorme carga, que sus relaciones afectaban a las mías. Igno-

ro si mis amigos las sentían con tanta intensidad como yo, pero los efectos eran obvios. Los juegos que practicábamos en los campos y en los huertos se acababan a las puertas de sus casas. Me sentía aislado y solo. Me preguntaba cómo eran sus casas por dentro. Los desplantes me herían profundamente y a veces me invadían sentimientos de una emoción turbulenta.

De acuerdo con Uzi Benziman, que en 1985 publicó una biografía de Ariel Sharon, su padre armó a su hijo de dieciséis años con un enorme bate para que se defendiera y protegiera los campos y propiedades de su familia. Durante muchos años el muchacho lo llevó consigo, incluso cuando iba a la escuela, y en una ocasión, durante una pelea entre chavales, hirió con él gravemente a un compañero de clase. Aunque su padre contrató un profesor privado para que le diera clases, el joven Sharon era un estudiante mediocre, salvo en el campo de la astucia y del liderazgo. A sus compañeros de clase no les gustaba, pero admiraban su habilidad para orientarse y su capacidad de liderazgo. Durante la Segunda Guerra Mundial estudió en un instituto de Tel Aviv. Ya de adulto, escribió que cuando se trasladó a esta ciudad cosmopolita, se quedó asombrado al darse cuenta de que nadie estaba al corriente de las diferencias entre su padre y sus vecinos. Al contar su primer viaje a Nueva York rememoró haber tenido sentimientos parecidos.

Su actitud fundamental hacia los árabes de Palestina estaba condicionada por los recuerdos privados de sus padres. Era una mezcla de ansiedad y de desprecio. Cuando su madre llegó por primera vez al país, se encontró con trabajadores portuarios árabes «gigantes» que cogieron a la delicada dama del barco para llevarla a la costa sin ninguna consideración o gentileza. Las memorias escritas por inmigrantes durante esta época a menudo mencionan el trauma de descubrir que la Tierra de Israel era un país habitado y gobernado por árabes. Un año antes de que naciera Ariel, los alborotadores árabes destruyeron su pequeña aldea. Un hecho que se repitió en 1929 y durante las Grandes Revueltas Árabes ocurridas entre 1936 y 1939 cuando los habitantes del pueblo permanecieron en alerta ante ataques que nunca se produjeron. Estas repetidas amenazas se convirtieron en parte de la memoria colectiva de la familia y se grabaron profundamente en la mente del joven Sharon a través de las historias familiares.

En el fondo, la situación era que la mayoría de los árabes efectivamente ni quería ni se alegraba de la llegada de los colonos judíos y que desde 1918 los árabes locales habían desarrollado un movimiento nacional antisionista y antibritánico relativamente eficiente. A pesar de que muchos árabes trabajaban en colonias y en compañías de construcción judías, vendían tierras a judíos o a asociaciones judías y de que otros mantenían buenas relaciones sociales con individuos judíos, era un hecho comúnmente admitido que los árabes no aceptaban la idea de que Palestina fuera el «hogar nacional judío» (una idea que hizo nacer la Declaración Balfour) y que la existencia colectiva de los judíos en el país estaba completamente basada en las bayonetas británicas. A estas tensiones se sumaban las tendencias xenófobas de ambas comunidades que sirvieron para exacerbar la mutua enemistad, el miedo y el odio entre los árabes y los judíos. Ésta fue la atmósfera en la que se crió el joven Ariel Scheinerman, aunque no todo el mundo que creció en este ambiente ha dedicado su vida a la lucha contra los árabes, especialmente después de que cambiaran los parámetros de la situación.

En la guerra de 1948, Sharon prestó sus servicios como suboficial (aunque no acabó de completar el curso de entrenamiento impartido por el Hagana, la milicia judía clandestina). Participó en la fallida batalla de Latrun, una fortificación británica situada en la principal carretera entre Tel Aviv y Jerusalén. Todavía hoy, se considera que esta batalla contra la Legión árabe es una de las derrotas más graves que Israel haya sufrido jamás. Cientos de soldados israelíes fueron capturados en el tiroteo y los que no escaparon fueron eliminados. Sharon fue gravemente herido en Latrun y a causa de las lesiones sufridas sólo pudo participar en una batalla más, cerca ya del final de la guerra.

En esta batalla, las fuerzas israelíes no consiguieron acabar con el regimiento egipcio que estaba cercado en lo que se conoce como la Garganta de Faluya. Después de la guerra, muchos soldados y oficiales de campo acusaron al Estado Mayor israelí de una incompetencia y una negligencia temerarias en su gestión del conflicto, no sólo por vergonzosas derrotas como las de Latrun y Faluya, sino también por su incapacidad para «liberar» a todo el país de la dominación árabe y por permitir que algunos árabes se quedaran dentro de las fronteras del Estado de Israel. Sharon estaba entre esos soldados. Aunque la mayoría de la gente dejó pronto de acusar al mando militar y a los dirigentes políticos de incompetentes, de carecer de inventiva militar, de no reunir la suficiente inteligencia e incluso de traición (hasta la guerra de 1973, que cogió a Israel desprevenido), Ariel Sharon ha continuado haciéndolo durante todos los baches y los éxitos de su larga y sumamente controvertida carrera. Estas acusaciones, lanzadas contra sus superiores, contra sus colegas y contra sus subordinados, se han convertido en un elemento indispensable de su retórica. Durante el tiempo en el que siguió siendo militar, cumplió satisfactoriamente su tarea al mando de un batallón a las órdenes del coronel Yitzhak Rabin y sirvió como agente de los servicios de inteligencia en la Comandancia del Frente Norte y Centro bajo la autoridad del coronel Moshe Dayan. Ambos altos oficiales quedaron profundamente impresionados por la actuación, la imaginación y la motivación de este oficial joven y considerado y, posteriormente, intervinieron en varias ocasiones para salvar la carrera militar de Sharon después de que éste hubiera irritado a sus superiores a raíz de algunos de sus arriesgados e irresponsables movimientos, de sus «informes imprecisos» o de las agresivas expresiones personales que utilizaba contra quienes dudaban de su maestría en cualquier materia relacionada con el profano arte de hacer la guerra.

Poco después de la guerra de 1948 dejó el ejército decepcionado con el estamento militar y por lo que consideraba una pasividad insoportable impuesta por los políticos sobre las fuerzas armadas, y en 1952 se matriculó en la Universidad Hebrea. Ni siquiera después de convertirse en estudiante perdió el contacto con sus colegas militares y en calidad de oficial de reserva participó en algunas intervenciones sin importancia en la zona de Jerusalén.

7

EL PRIMER ASALTO DE SHARON

A principios de la década de 1950 el conflicto árabe-israelí, exacerbado por el transcurso de la Guerra Fría, alcanzó una dimensión internacional una vez que los Estados árabes limítrofes aparecieron en escena. Los Estados árabes exigían como condición para el reconocimiento del Estado judío la retirada de Israel hacía el interior de las fronteras establecidas por la resolución de partición de 1947 (la cual previamente habían rechazado) y el regreso de todos los refugiados palestinos a sus hogares. Los israelíes rechazaron de plano estas demandas considerándolas otro intento más de aniquilamiento del Estado judío. Israel sostenía que los países árabes debían acoger a los refugiados, del mismo modo que los judíos habían acogido a sus propios hermanos refugiados. Entretanto, una *petite guerre* se desplegaba a lo largo de las líneas del armisticio. Algunos palestinos de los campos de refugiados de la franja de Gaza y de Cisjordania salían de los mismos y lanzaban ataques contra los nuevos asentamientos de la frontera, intentando o reapropiarse de la propiedad o simplemente vengarse asesinando a israelíes. El gobierno israelí desplegó una política de represalias contra los países árabes hostiles, manteniendo que éstos debían asumir la responsabilidad de las infiltraciones y de los asesinatos. Sin embargo, las primeras represalias de Israel se vieron entorpecidas por una lamentable actuación del gobierno. En julio de 1952, el mando militar decidió formar un pequeño comando secreto de alta preparación para llevar a cabo las medidas de represalia. Los candidatos se reclutaron discretamente entre la red de viejos muchachos. Ariel Sharon fue nombrado comandante del grupo conocido como Unidad 101.

Desde su puesto como comandante de la Unidad 101 (posteriormente integrada en la Brigada Paracaidista 890 y ampliada a la División Paracaidista 202), Sharon entabló muchas operaciones militares encaminadas a avivar las tensiones en las líneas que delimitaban Israel con Jordania y con Egipto. Gracias a su afilado instinto político, pronto descubrió el secreto de que los oficiales de campo relativamente subalternos en realidad detentan más poder que los oficiales de rango superior que están más alejados del campo de batalla, por no mencionar a los políticos civiles que desconocían prácticamente los asuntos militares aun cuando adoraban a los «nuevos guerreros judíos». Un oficial de campo puede avivar las tensiones en cualquier frontera y desbordar las dimensiones de cualquier incidente sin importancia. Formalmente, todas estas acciones tenían la aprobación del mando, que las concebía como estrictas reacciones frente a lo que Israel percibía como violaciones de los acuerdos de alto el fuego por parte de los Estados árabes. Sin embargo, al ejecutar esas operaciones, Sharon fue mucho más allá de los límites de lo que había sido ordenado, planeado y aceptado por sus superiores. Explicaba estos desvíos sosteniendo que se habían producido a consecuencia de una resistencia inesperada por parte del enemigo, de dificultades y de obstáculos imprevistos en el campo de batalla y de la necesidad de salvar las vidas de los soldados israelíes, o para evitar dejar atrás a los heridos y a los muertos. Lo cierto era que las acciones ampliadas de Sharon causaron un número destacado de bajas, no sólo entre los árabes sino también entre los soldados israelíes. Su práctica consistente en utilizar como estrategia las provocaciones, incitando a los árabes y a los judíos a luchar entre ellos, se convirtió en el patrón prevaleciente de la conducta de Sharon, quien a medida que progresaba su carrera fue paulatinamente reelaborándolo y perfeccionándolo.

La primera misión de la Unidad 101, llevada a cabo en septiembre de 1953, tenía como objetivo expulsar a las tribus nómadas beduinas del desierto de Neguev. Tradicionalmente, los beduinos no reconocen las fronteras estatales e, incluso después de la guerra de 1948, se movían libremente entre Jordania, Israel y Egipto. Los israelíes veían aquellos traspasos de fronteras sin autorización como una violación de su soberanía sobre el territorio (la cual durante aquella época era objeto, en todo caso, de cuestionamiento internacional). La misión de la Unidad 101 se cumplió con eficiencia y con crueldad. Desde esta primera acción, Sharon ha tenido dos principales enfrentamientos –desde su punto de vista, ambos con éxito– con los beduinos. En 1970 expulsó a un gran número de beduinos de la parte nororiental del Sinaí con el fin de dejar espacio para los colonos judíos, a quienes el propio Sharon evacuó en 1981 siendo ministro de Defensa. Desde 2001, ha expulsado a los beduinos de las montañas del sur de Hebrón, de nuevo para preparar la tierra para los asentamientos judíos.

La guerra de por vida de Sharon contra los árabes en general y contra los palestinos en particular comenzó inmediatamente después de su primer éxito en la operación contra los beduinos. Su siguiente propuesta de envergadura realizada a la comandancia del cuartel general consistió en una incursión de corto alcance contra el campo de refugiados de Al Burg, el cual supuestamente había sido utilizado como base por los infiltrados. Al describir los detalles de la operación a sus soldados, uno de ellos –según refiere Uzi Benziman– observó que el objetivo patente de la incursión estaba en matar al mayor número posible de civiles. El soldado recriminó que se trataba de un objetivo indigno, pero Sharon ignoró el comentario. A consecuencia de esta acción fueron asesinados quince palestinos, la mayoría de ellos mujeres y niños. Al ser interrogado por sus superiores después de la incursión, argumentó que fue necesario un número tan elevado de bajas para poder defender las vidas de sus soldados. A éstos les explicó que todas las mujeres de los campos eran putas al servicio de los asesinos. Más tarde, las autoridades egipcias, inquietas ante la cólera y el deseo de venganza expresado por los palestinos, canalizaron estos sentimientos creando dos brigadas palestinas, llamadas *fedayin*, bajo el mando egipcio. Los *fedayin* se implicaron en muchos actos de guerrilla dentro de Israel y posteriormente se convirtieron en el prototipo y en el modelo simbólico para Fatah y para otras organizaciones guerrilleras palestinas.

Entre las docenas de asaltos ejecutados por la Unidad 101 bajo las órdenes de Ariel Sharon, dos están grabadas en la historia y en la memoria de Israel y de Palestina. La primera fue la masacre de Qibiya. Qibiya era un pueblo palestino situado en Jordania (Cisjordania) entre Latrun y Qalqiliya, que fue atacado el 15 de octubre de 1953 en una acción de represalia por el asesinato de una mujer y dos niños en la ciudad israelí de Yehud dos días antes. Esta «guerra de fronteras» había causado 130 víctimas civiles israelíes aproximadamente y la opinión pública pedía venganza. En Qibiya se incendiaron cerca de cuarenta y cinco casas con sus habitantes dentro. Sesenta y cinco hombres, mujeres y niños murieron. Durante la investigación realizada con posterioridad a los hechos, Sharon sostuvo que dio la orden a sus soldados de inspeccionar cada casa y de advertir a sus habitantes de que se fueran, pero los soldados negaron haber recibido tal orden.

La operación provocó un escándalo internacional y suscitó interrogantes en importantes círculos intelectuales y políticos. Al principio Israel trató de negar que la masacre hubiera sido realizada por una unidad militar y declaró que los responsables eran los «irritados colonos de la zona fronteriza». Pero entre los militares, entre el grueso de la población y especialmente entre la juventud, se consideró como un éxito y acrecentó el sentimiento de orgullo nacional. El primer ministro, David Ben Gurion, al enterarse de la acción, sospechó que el joven comandante pertenecía a una rama revisionista del sionismo y le llamó para mantener una entrevista[10]. Durante el encuentro, Ben Gurion quedó muy satisfecho al descubrir que tanto Sharon como su familia pertenecían a la rama política «correcta» (la laborista) y encantado con el joven, valiente, servicial y prometedor oficial que le pareció la encarnación de su visión del *sabra*, el judío sano, nacido en Israel y libre de todos los males del exilio. A partir de ese momento, *El Viejo,* como se conocía a Ben Gurion, concedió a Sharon su protección personal y mantuvo con él una relación especial, de la cual éste hacía uso cada vez que se metía en problemas al terminar alguna de sus arriesgadas y desautorizadas operaciones militares. Moshe Dayan, quien acaba de ser nombrado comandante en jefe del ejército israelí, también se convirtió en admirador del valiente oficial hasta el momento en que Sharon ignoró sus órdenes y le suministró «informes im-

---

[10] Después de la guerra de 1948, Ben Gurion hizo una purga en el ejército de los oficiales con tendencias políticas, incluyendo a los revisionistas y a los comunistas con lazos con el partido de izquierdas Mapam, el cual mantenía una estrecha relación con la Unión Soviética. Estas purgas reforzaron el control de su partido (el Mapai) sobre la institución militar.

precisos», con el objetivo de encubrir su desobediencia hacia sus superiores. También fue durante este periodo cuando se convirtió en un héroe dentro de las fuerzas armadas y de los adolescentes de los institutos de elite que cultivaban un agresivo militarismo israelí.

En Israel, la década de 1950 fue un periodo sumamente romántico y romantizado. Resulta esencial comprender el espíritu de aquella época para poder comprender el papel desempeñado por Sharon y por su Unidad 101 (y posteriormente por la Brigada y la División Paracaidista). Durante este periodo, la población judía del país triplicó su tamaño. Los inmigrantes recién llegados, principalmente desde tierras árabes, ponían en peligro la posición cultural, política y económica de los israelíes más establecidos. Los militares instituyeron un sistema de reclutamiento universal para los judíos, perdiendo de este modo su imagen elitista y dejando de ser un vehículo para la movilidad y un instrumento para alcanzar prestigio. Los «jóvenes de bien» (los hijos de la población establecida) buscaban formas de conservar su supremacía en un país envuelto en un acelerado proceso de transformación. Una de estas formas consistía en ir a Petra, una antigua ciudad nabatea notablemente conservada, donde las ruinas de una desaparecida civilización están salpicadas con los restos de casas y de sepulcros excavados en rocas de variados colores, una especie de monumento inca en Oriente Próximo. Esta ciudad, también conocida como La Piedra Roja, está situada en lo más profundo del desierto de Jordania. Su visita requería muchos días de marcha, que se efectuaba andando fundamentalmente por la noche, y comportaba el riesgo de ser capturado o asesinado por los beduinos o por los soldados de la Legión Árabe (jordana)[11]. A medida que ir a Petra se volvía más peligroso y que los beduinos y los legionarios se hacían más hábiles tendiendo emboscadas y capturando a los jóvenes infiltrados israelíes, la misión ganaba atractivo. Muchos jóvenes perdieron sus vidas en esta aventura, pero quienes tuvieron éxito en el viaje se convirtieron, extraoficialmente, en héroes nacionales.

---

[11] Un conocido cantante, Arik Lavie, tenía una famosa canción titulada «La Piedra Roja» en la que glorificaba el hecho de ir a Petra y a aquellos «que nunca regresaron». Durante muchos años estuvo prohibida su difusión para evitar estimular a más gente joven a que arriesgara sus vidas.

Uno de estos «héroes», Meir Har-Zion, un joven más asociado que otros con al mito de Petra, también fue miembro de la Unidad 101. Se le consideraba el mejor guerrero israelí, una especie de Rambo judío. A principios del año 1955, los beduinos asesinaron a su hermana Shoshana, junto a su novio Oded Gemeister, durante un viaje de Jerusalén a Ein Gedi (un pequeño asentamiento israelí al sur del mar Muerto) al tomar un atajo a través del territorio jordano. Har-Zion reunió a tres de sus camaradas de la 101, cogieron a cinco beduinos sospechosos y les degollaron. Fue inhabilitado durante 6 meses para realizar actividades militares como castigo por su «operación privada», pero la historia se divulgó ampliamente entre la gente joven e inmediatamente añadió más gloria a Har-Zion, a la 101 y a su comandante, Ariel Sharon.

En su autobiografía, Sharon escribió que él intentó disuadir a Har-Zion de llevar a cabo este acto de venganza personal, pero «yo ya sabía que Meir no estaba en condiciones [mentales] de escuchar a nadie [...]. Hice lo que creí necesario. Le di armas. Puse un coche a su disposición y le asigné a Yitzhak Ghibli [otro héroe curioso de la 101] para que fuera su conductor, el mejor que tenía». En resumen, señala Sharon, «todo el episodio consistió en una regresión a una época tribal, el tipo de venganza ritual que los beduinos entienden perfectamente».

Este acontecimiento ejemplifica otro rasgo del conflicto árabe-israelí y, particularmente, del conflicto judeo-palestino, esto es, su personificación en personajes como Har-Zion. Desde ambos lados, individuos o pequeños grupos cometieron muchos actos atroces bien porque estaban enzarzados en venganzas, bien porque creían que sabían mejor que los oficiales cómo arreglar el conflicto. Ariel Sharon habitualmente estaba entre esta última categoría.

La Unidad 101 y, posteriormente, la Brigada y la División Paracaidista estuvieron envueltas en muchas operaciones de carácter vengativo o preventivo de mayor o de menor importancia[12].

---

[12] Las operaciones de carácter preventivo consistían en incursiones lanzadas por Israel contra varios objetivos —militares o civiles— con el pretexto o con la esperanza de reducir o de prevenir incursiones árabes en Israel. Los estrategas israelíes argumentaban que las operaciones preventivas evitaban guerras regionales de mayor relevancia. De hecho, únicamente agravaron el conflicto y causaron dos guerras, en 1956 y en 1967.

Sin embargo, la operación decisiva —la que produjo un cambio fundamental en las realidades políticas de Oriente Próximo— consistió en un ataque contra una base militar egipcia en Gaza realizado en febrero de 1955. Durante esta incursión, cerca de 40 soldados egipcios fueron asesinados y muchos otros resultaron heridos a raíz de una emboscada planeada por Sharon. También se mató a ocho paracaidistas israelíes. Después de esta incursión, el presidente egipcio, Gamal Abd al Náser, decidió dirigirse hacia el bloque soviético con el fin de modernizar la institución militar egipcia con nuevas armas (principalmente los conocidos aviones caza Mig 21 y tanques tipo T) y con asesores militares. Así fue como nació el tratado militar entre Checoslovaquia y Egipto que condujo a una carrera armamentística intensiva en la región y que fue acompañado de un pacto similar franco-israelí que duró hasta que Francia se enzarzó en su cruel guerra en Argelia contra el Frente de Liberación Nacional. Para Náser, establecer un acuerdo con el bloque comunista no era algo fácil y tampoco estaba libre de inconvenientes. Durante el periodo de más intensificación de la Guerra Fría, volcó considerables esfuerzos en la constitución, junto con el *pandit* Nehru y con Tito, de un Tercer Bloque neutral. Había albergado la esperanza de convertir a Egipto, bajo su liderazgo, en el líder del mundo árabe (su segundo círculo en su «teoría de los tres círculos»: Egipto, el mundo árabe y los países no alineados), pero el tratado con Checoslovaquia minó esta ambición, reduciendo a Egipto al *status* de Estado cliente y satélite de la Unión Soviética.

Pero el ataque en Gaza fue sólo el principio. En diciembre de 1955, los paracaidistas de Sharon atacaron a las fuerzas sirias situadas en la orilla oriental del mar de Galilea (el Kinneret). Fueron asesinados cerca de sesenta soldados y treinta fueron hechos prisioneros. Durante un asalto adicional a la base egipcia en Quintile, diez egipcios fueron asesinados y veinte hechos prisioneros.

Los años intermedios de la década de 1950 fueron, probablemente, la época más feliz y gloriosa de la carrera militar de Sharon. La mayoría de sus planes de acciones militares (y Sharon es muy conocido por ser un planificador y un táctico prolífico, impulsivo y sumamente imaginativo) eran aceptados por el mando militar y por el gobierno, aunque es posible que no hasta el extremo al que posteriormente los llevaba a la práctica. Sus acciones se recibían con una mezcla de sentimientos encontrados, tanto por parte de sus superiores militares como de los funcionarios civiles, pero nadie tenía agallas como para impugnarlos exitosamente.

No cabe duda de que su política incontrolada de ataques preventivos y vengativos ayudó a empeorar la crisis y a provocar dos guerras. Uzi Benziman describe a Sharon como el único responsable de una escalada premeditada del conflicto, destinada a provocar una guerra en la región (probablemente con el objetivo de completar el «trabajo por acabar» de 1948).

8

OFICIAL PERO NO CABALLERO

El objetivo del presente ensayo no es ofrecer otra biografía de Ariel Sharon, sino exponer y analizar sus relaciones con el pueblo palestino dentro del contexto más amplio y del trasfondo cultural caleidoscópico en el que se enmarcan. El ascenso de Sharon al poder también se contempla como el clímax de una crisis interna que duró toda una generación dentro de la sociedad israelí. Una vez hecha esta matización, un breve repaso a la vida de Sharon entre 1956 y 1982 facilitará una mejor comprensión de los sucesos acontecidos en la sociedad israelí. Los mitos y las leyendas creadas por el propio Sharon, por periodistas como su servidor de toda la vida Uri Dan y por otros admiradores y expertos en relaciones públicas describen este periodo como una época excepcionalmente próspera y gloriosa en la vida de un cerebro militar. En realidad, fue una época de sucesivos fracasos militares y de quiebras de sus relaciones personales.

Un ejemplo a colación lo constituye la actuación de Sharon cuando prestaba sus servicios como comandante de una brigada paracaidista desplegada durante la guerra de Suez. El 29 de octubre de 1956, Israel, en cooperación con Francia e Inglaterra, invadió la península del Sinaí[13]. Los paracaidistas de Sharon fueron

---

[13] Gamal Abd al Náser había provocado la ira de los dirigentes británicos y franceses al nacionalizar el canal de Suez. Los franceses también sospechaban que Egipto prestaba su ayuda a los rebeldes árabes argelinos tanto militar como finan-

enviados al paso de Mitla, a 140 millas por detrás de las líneas egipcias, para cumplir dos objetivos: en primer lugar, evitar que los egipcios enviaran refuerzos hacia la infantería israelí en marcha y, en segundo, encubrir los principales objetivos y el alcance de la operación militar. Sharon rechazó cumplir las órdenes que se le dieron desde la comandancia del cuartel general, intentó atravesar por sí mismo el paso de Mitla hacia el canal de Suez y llevó a sus tropas a caer en una trampa tendida por los egipcios. Los tres elementos de cualquier operación militar –mando, comunicación y control– se quebraron. Cercada por los egipcios escondidos en las montañas vecinas, la unidad de paracaidistas libró una cruel batalla durante todo un día para escapar de la emboscada. Perdieron la vida veintiocho soldados y más de un centenar fue herido en esta batalla innecesaria. Después de la guerra, los oficiales de su mismo rango le acusaron de entablar esta operación solamente para ganar fama personal. Sharon se enrolaba en este tipo de acciones guerra tras guerra, levantando gran controversia entre los comandantes del ejército. Al describir estas controversias en su autobiografía, las atribuía a la envidia de sus colegas y a la falta de destreza y de imaginación militar. Después del episodio de Mitla, su carrera militar estuvo encallada durante años y cuando finalmente fue ascendido al rango de coronel, fue destinado a ocupar papeles marginales fuera del campo de batalla, a pesar de los denodados esfuerzos de Ben Gurion para ayudarle. Sharon describió sus cuatro años alejado del mando activo como años de frustración y exilio.

---

cieramente. El plan inicial era que la invasión israelí proporcionaría a ambos países un pretexto para intervenir y exigir la retirada tanto de Egipto como de Israel de la zona del canal. Se suponía que los militares británicos y franceses iban a tomar el control de la zona del canal pero el objetivo último era derrocar a Náser y a su régimen. Israel conquistó la península de Sinaí rápidamente, principalmente porque la prioridad de los egipcios era la defensa del canal y del interior de Egipto, la cual desempeñaron a la perfección. Los ejércitos franceses y británicos fueron derrotados con prontitud y forzados a retirarse bajo la presión concertada de Estados Unidos y de la Unión Soviética. Ésta fue la única ocasión durante la Guerra Fría en la que las superpotencias cooperaron para restaurar la jerarquía mundial establecida. La aparente victoria de Israel se redujo a tomar algunas fuerzas de la ONU asentadas en su frontera con Egipto y recuperar la libre navegación por el mar Rojo (el paso de Sharm al Sheij y el estrecho de Tiran), que había sido cerrado por Egipto en 1955; una acción considerada por Israel como *casus belli*. Sin embargo, gracias a la guerra, Israel adquirió la imagen y la reputación internacional de ser una potencia militar en la región.

Sin embargo, antes de su exilio, Dayan le compensó enviándole a estudiar a una academia militar en Surrey, Inglaterra. Sharon ha contado que su estancia allí tuvo una influencia decisiva en la definición de su pensamiento militar. Al comparar las tácticas utilizadas por los mandos británicos y por los alemanes en el desierto occidental durante la Segunda Guerra Mundial, encontró que el modelo militar alemán utilizado por Rommel era muy superior al modelo británico utilizado por Montgomery. El famoso experto militar británico Basil Liddell Hart compartió su análisis y, desde aquel momento, Sharon se ha considerado a sí mismo el mayor pensador militar de Israel.

Sólo siete años más tarde, en 1964, cuando Yitzhak Rabin fue jefe del Estado Mayor, Sharon fue ascendido al puesto de comandante del cuartel general del Frente del Norte, donde intentó dar inicio a una política militar agresiva contra Siria. Debido a que sus colegas de rango, al igual que la Junta de Estado Mayor, no veían ninguna razón para aumentar las tensiones en la frontera y correr el riesgo de provocar una guerra a gran escala con este país, la mayoría de sus planes fueron rechazados, aunque recobró su fama de oficial valiente y original. Rabin le ascendió al grado de general de división, pero de nuevo le envió a un puesto no combatiente. Al mismo tiempo, también se le dio el mando de una división de reserva. Desde este puesto, prestó sus servicios como un comandante militar tremendamente exitoso en la guerra de 1967.

En mayo de 1967 Gamal Abd al Náser cometió su error de cálculo político más grave. Tras una larga y sangrienta intervención en la guerra civil yemení había perdido su prestigio dentro del mundo árabe. Para poder recuperar este prestigio y afirmar la soberanía egipcia, realizó dos movimientos espectaculares: ordenó a las fuerzas militares egipcias cruzar el canal de Suez y, simultáneamente, exigió la retirada de las fuerzas de la ONU desplegadas a lo largo de las líneas trazadas en el alto el fuego de 1957. El ejército egipcio, después de la debacle yemení, no estaba ciertamente preparado para una guerra con Israel, pero la Junta de Estado Mayor israelí había planeado durante muchos años destruir a las fuerzas armadas egipcias, las cuales habían sido reequipadas y reestructuradas por la Unión Soviética después de la guerra de 1956. El movimiento de Náser fue explotado por el gobierno israelí, que lo presentó como un *casus belli* y como una auténtica amenaza a la seguridad de Israel. Las fuerzas armadas israelíes movilizaron todo su sistema de reserva. Aunque ambos ejércitos estaban ya frente a frente, el gobierno israelí, encabezado por Levy Eshkol, vacilaba dudando tanto de la realidad de la amenaza egipcia como de la necesidad de resolverla por vías militares antes que diplomáticas. Se ponderaba, por otro lado, la grave carga económica y la presión social que podría causar una movilización prolongada de prácticamente toda la fuerza de trabajo masculina. Mientras el gobierno sopesaba las opciones a su alcance, los oficiales militares (entre ellos Sharon) aprovecharon la oportunidad para convencer a la opinión pública de que Israel se enfrentaba a una verdadera amenaza a su existencia. Se produjeron manifestaciones exigiendo la dimisión de Eshkol. La creciente presión por parte de la opinión pública, sumada a la presión oculta ejercida por muchos de los jefes militares del Estado Mayor, condujo a la formación de un nuevo gabinete favorable a la guerra que incluía al halcón Moshe Dayan como ministro de Defensa y, por primera vez, a miembros del partido ultranacionalista Herut, encabezado por Menajem Begin[14]. La guerra estuvo tan bien planeada y preparada que al alba del día 5 de junio los servicios de inteligencia militar y las fuerzas aéreas israelíes conocían la localización exacta de cada avión egipcio, sirio y jordano y, en pocas horas, destruyeron la mayoría de ellos sin haber despegado. En su autobiografía, Sharon menciona brevemente que «en la mañana del 5 de junio, las fuerzas aéreas israelíes iban a lanzar un ataque preventivo sobre los aeródromos egipcios». Cuando la infantería israelí y las brigadas de tanques atacaron las concentraciones, las fortificaciones y las bases militares egipcias, prácticamente ya tenían la superioridad absoluta en el aire. Uno de los mitos más significativos arraigados en la

---

[14] Tanto Yitzhak Rabin como Ezer Weizman aluden claramente en sus biografías al hecho de que, antes del ataque producido en junio de 1967, los jefes del Estado Mayor israelí organizaron un golpe de Estado y excluyeron todas y cada una de las soluciones políticas a la crisis. Rabin, jefe del Estado Mayor, reconocía que: «Náser no quería una guerra. Las dos divisiones que envió a Sinaí no hubieran sido suficientes para emprender una guerra ofensiva. Él lo sabía y nosotros lo sabíamos» (*Le Monde*, 28 de febrero de 1968). El propio Levy Eshkol admitió que «el plan egipcio en Sinaí y la concentración general en el lugar atestiguaban un operativo militar de carácter defensivo por parte de Egipto al sur de Israel» (*Yediot Ahronot*, 16 de octubre de 1967). El 8 de agosto de 1982, el primer ministro Menajem Begin, defendiendo la invasión de Líbano, dijo: «En junio de 1967, una vez más podíamos elegir. Los efectivos militares egipcios estacionados en el Sinaí no demostraban que Náser estuviera realmente a punto de atacarnos. Debemos ser honestos con nosotros mismos, decidimos atacarle» (*The New York Times*, 21 de agosto de 1982).

memoria colectiva, tanto de Israel como de la opinión pública occidental, es que durante la guerra de 1967 (o como arrogantemente la llamaron los israelíes «la Guerra de los Seis Días») Egipto y Siria atacaron Israel, una opinión que se utiliza para justificar la legitimidad de la ocupación hasta el día de hoy[15].

Sharon estuvo al mando de una de las tres divisiones que condujeron un ataque sorpresa a las fuerzas egipcias en el Sinaí. Su objetivo era el importante recinto militar egipcio en Abu Agella, situado en la carretera principal que atraviesa el Sinaí. Esta decisiva batalla, la cual destruyó una parte fundamental de las fuerzas militares egipcias, no había sido prevista en un aspecto importante: su tasa de muertes. Miles de egipcios perdieron la vida mientras que el número de bajas soportado por las fuerzas israelíes fue mínimo. Probablemente, Sharon razonó que el equipamiento militar podría ser fácilmente reemplazado (por los soviéticos), pero que el entrenamiento de unidades militares eficientes llevaría años. Posteriormente, en otra batalla en el área más profunda del Sinaí, Sharon rodeó un batallón de tanques egipcio en Nakl y lo destruyó completamente. De nuevo en esta ocasión murieron cerca de mil soldados egipcios. No cabe duda de que desde un punto de vista estrictamente militar, durante la guerra de 1967, Sharon demostró su capacidad para planear y conducir operaciones militares complejas y afianzó su imagen pública como número uno de los guerreros israelíes. Sin embargo, las aspiraciones de Sharon iban más allá de ser un héroe militar. Él obviamente observaba la forma en que hombres como Yigal Allon y Moshe Dayan (ambos considerados como candidatos para las elecciones a primer ministro) convertían su pasado militar en pasaportes políticos. Sus centros de operaciones siempre estaban llenos de admiradores: periodistas, escritores mediocres y relaciones públicas que le convertían en mito a cambio de pasar por ser sus emisarios.

---

[15] El primer día de la guerra y después del anuncio de victorias imaginarias egipcias, los jordanos atacaron con indecisión algunos puntos localizados en Israel, tanto porque querían demostrar su solidaridad con Egipto como porque querían compartir el botín de la posguerra. El principal ataque se produjo en Jerusalén, en una zona tradicionalmente en disputa entre los hashemíes y los israelíes desde 1948. Israel advirtió a Jordania de que no participara en la guerra, pero la advertencia fue ignorada. En 1973 Jordania advirtió a Israel acerca de un ataque coordinado preparado por Egipto y por Siria, pero por varias razones el gobierno israelí ignoró la advertencia. Después de la derrota del ejército egipcio, Israel utilizó la oportunidad para arrebatar Cisjordania a Jordania.

El primer cargo de Sharon después de la guerra fue el de comandante en jefe de las Bases y Academias de Instrucción Militar. Desde este puesto, y contrariamente a la voluntad de sus superiores, ordenó la transferencia de todo el sistema de bases de instrucción militar a la recién ocupada Cisjordania. Al implantar una vasta presencia militar en aquellos territorios, Sharon construyó la infraestructura necesaria (carreteras, electricidad y miles de soldados israelíes) para la colonización de los territorios ocupados.

Durante estos primeros años de posguerra, Egipto e Israel libraron la que fue llamada «guerra de desgaste» a lo largo del canal de Suez. Siguiendo la idea del jefe del Estado Mayor Bar Lev, Israel erigió una línea fortificada para controlar la zona. Egipto bombardeó esta línea con artillería pesada durante tres años, mientras que Israel respondía con artillería, bombardeos aéreos e incursiones ocasionales en la orilla oeste del canal. Durante este periodo ambos contendientes sufrieron un elevado número de bajas. Sharon junto a un reducido número de oficiales como Israel Tal y Matitiyahu Peled sugirieron, sin duda con acierto desde un punto de vista profesional, un medio alternativo para conservar el control de la línea: una fuerza móvil y flexible localizada aproximadamente a 25 kilómetros del canal, pero capaz de contraatacar rápidamente a cualquier fuerza egipcia que lo cruzara sin exponerse al fuego de la artillería egipcia. La cuestión de cómo controlar el canal dio lugar a una gran controversia dentro del alto mando, pero también fue el objeto de una disputa personal entre Sharon y la mayoría de sus colegas en la «lobera» (como se denomina al centro secreto del alto mando). Sharon acusaba constantemente a sus colegas y a sus superiores en la lobera de ignorancia y estupidez y les achacaba la responsabilidad por el alto índice de bajas israelíes (en agosto de 1970 se acercaban a 1.500; de ellas, 360 eran muertes). Como es habitual, Sharon filtraba la controversia a la prensa utilizando a sus admiradores en los medios de comunicación para difamar a sus colegas. Cuando Sharon olvidó cumplir con ciertas formalidades, Bar Lev decidió utilizar su error burocrático como un pretexto para deshacerse de él. Dayan y Golda Meir se abstuvieron de intervenir y Sharon se dirigió a los líderes de la oposición con la propuesta de unirse a ellos en las siguientes elecciones. Sharon era el primer general israelí, y probablemente no será el último, que entablaba conversaciones con un partido mientras todavía vestía el uniforme, lo cual constituía una grave violación de las reglas pero una brillante jugada política. Cuando el hombre fuerte del partido en el gobierno (el ministro de Economía Pinchas Sapir) fue informado de que un popular general podría unirse a la oposición, tomó las medidas necesarias para mantener a Sharon en el ejército. Mas aún, fue nombrado comandante del Frente del Sur, uno de los puestos más importantes en la jerarquía militar.

Entre 1967 y 1970, los palestinos de los campos de refugiados de la franja de Gaza se involucraron en actos esporádicos de resistencia armada contra la ocupación israelí. En agosto de 1970, Sharon comenzó barriendo los vestigios de las células guerrilleras. Operó sistemáticamente y con gran brutalidad, avanzando de barrio en barrio y de matorral en matorral. El ejército imponía toques de queda que duraban un día entero y concentraba a toda la población de un barrio o de un campo de refugiados (los lugares preferidos eran los campos de Shatti y Yebaliya), lo cual permitía a los soldados realizar registros casa por casa y asegurar el fácil acceso de los militares a cualquier parte de la franja de Gaza. Esto supuso la demolición de miles de casas y que fueran destrozadas un gran número de plantaciones de cítricos de Gaza, el único cultivo de la región. Se dieron órdenes de disparar contra cualquier sospechoso, sin juicio ni investigación previos, y aproximadamente un millar de personas murieron por disparos o fueron ejecutadas. Estos castigos colectivos a la población civil y estas ejecuciones extrajudiciales estaban estrictamente prohibidas por las leyes internacionales, donde se definían como crímenes de guerra. Aunque este sistema, que recientemente ha sido aplicado en otras partes de los territorios ocupados, creó malestar entre los propios oficiales y soldados de Sharon así como en el Estado Mayor, contó con el apoyo del ministro de Defensa Moshe Dayan. Ésta fue la primera implicación de gran importancia de Sharon en el problema palestino. Siete meses más tarde, fue relevado de sus responsabilidades en la franja de Gaza.

Desde los primerísimos meses de ocupación, Israel declaró orgullosamente que administraría la «ocupación más ilustrada» (algo, por cierto, contradictorio en sí mismo) concediendo a los habitantes de los territorios ocupados la plena autonomía local libre de toda intervención israelí. En otras palabras, podrían administrar sus propios servicios municipales básicos como la educación y la electricidad. De hecho, durante el periodo inmediatamente posterior a la guerra, el gobierno israelí estaba seguro de que las superpotencias no le permitirían controlar la mayor parte del territorio y que impondrían una retirada, tal y como habían hecho en 1957.

Partiendo de esta hipótesis, una semana después de que terminara la guerra, el 19 de junio de 1967, el gobierno de unidad nacional israelí, del que formaba parte Menajem Begin, decidió unánimemente proponer la devolución de todos los territorios egipcios y sirios conquistados a cambio de una paz plena. La decisión se transmitió a Estados Unidos, del que se esperaba que actuara como intermediario. Sin embargo, según las últimas pruebas aportadas por el investigador israelí Dan Babli, Estados Unidos nunca entregó el mensaje, presumiblemente porque no estaba interesado en una reapertura del canal de Suez o en proporcionar otros beneficios a Estados clientes de la Unión Soviética.

En el verano de 1968, los líderes de los Estados árabes, que no habían recibido nunca el mensaje israelí, celebraron una conferencia en Jartum. La conferencia concluyó con los conocidos «tres noes» a Israel: no a la negociación, no al reconocimiento y no a la paz. La declaración era el reflejo de la tradicional actitud árabe de no reconocer el derecho del Estado israelí a existir en la región. Los israelíes leyeron la declaración de la cumbre de Jartum como una respuesta a su mensaje de paz y enterraron su propia iniciativa como si nunca se hubiera producido.

Aquel año, la situación política en Israel se mantuvo inestable y ambigua. Por un lado, la población y los dirigentes todavía estaban eufóricos tras la «milagrosa» victoria que se presentó como el resultado de una guerra preventiva impuesta e inevitable que salvó a Israel de la aniquilación absoluta. Por otro, a diferencia de una guerra bien planificada, la elite política y dirigente israelí no tenía idea de qué hacer con los territorios ocupados y especialmente con las personas que súbitamente cayeron bajo el control israelí. El primer ministro Levy Eshkol intentó negociar con destacadas personalidades palestinas de Cisjordania y de la franja de Gaza la posibilidad de concederles la autonomía, con o sin compartir su autoridad con el régimen jordano. Sin embargo, los líderes palestinos locales dejaron claro que no se sentían autorizados para negociar con los israelíes y proclamaron que el único representante legítimo del pueblo palestino era la Organización para la Liberación de Palestina, una idea inconcebible en aquella época para los israelíes.

Aunque el gobierno israelí no sabía qué hacer con los territorios ocupados, Ariel Sharon optó por una política de hechos consumados. Él y Dayan compartían la idea de que la franja de Gaza debía ser sustraída para siempre del control egipcio (y palestino) y concordaban en que miles de beduinos debían ser desarraigados de la parte norte del Sinaí y de Rafah y que aquellas áreas debían ser preparadas para acoger asentamientos judíos. Se cercaron vastas áreas de territorio y se obstruyeron los manantiales de agua. De esta manera, Dayan y Sharon trataban de decidir en solitario sin consultar al gabinete o a la Knesset sobre el futuro de estas áreas y, probablemente, sobre el futuro de toda la región. Dayan llegó a ejercer presiones para sacar adelante un proyecto personal consistente en construir una nueva ciudad en el eje Sinaí-Yamit. Este proyecto fue ampliado para dejar espacio a asentamientos judíos dentro de la propia franja de Gaza. Benziman cita que la cooperación entre Dayan y Sharon era tan perfecta que el ministro de Defensa nunca tuvo que dar órdenes escritas al general, sólo tenía que expresar una ilusión que le rondara la cabeza acerca de una cuestión (por ejemplo: «Qué bueno sería que no hubiera beduinos en cierta área») para que Sharon lo considerara una orden[16]. Por primera y última vez durante su carrera militar, Sharon se convirtió en un soldado obediente. Las acciones implementadas por Sharon fueron retroactivamente justificadas esgrimiendo que había «consideraciones securitarias», un argumento siempre popular en cada resorte de la cultura política israelí, incluso dentro del poder judicial. Cuando los beduinos desplazados exigieron una reparación ante el Tribunal Superior de Justicia israelí, su petición fue rechazada después de que Sharon compareciera personalmente ante el tribunal con los «datos» que acreditaban las «razones securitarias».

La estrecha colaboración entre Sharon y Dayan llevó a Sharon a creer que tenía casi garantizado un puesto como comandante en jefe. Sin embargo, tanto el recién nombrado jefe del Estado Mayor, David Elazar, como la primera ministra, Golda Meir, insis-

---

[16] Los relatos históricos convencionales, basados casi únicamente en documentos escritos o grabados, ignoran el hecho de que aquellas personas poderosas y perfeccionistas que toman las decisiones normalmente son muy cuidadosas con los documentos que dejan tras de sí y se preocupan de cómo les retratarán estos documentos a la luz de la historia. Desde este punto de vista, muchos historiadores no son más que servidores de los poderes pasados y presentes.

tieron en que Sharon finalizara sus labores militares activas, en parte a causa de que Meir le veía como un peligro para la democracia israelí. Sharon renunció a su puesto inmediatamente y el 15 de julio de 1973 fue dispensado del servicio militar en activo, aunque no de las tareas de reserva.

Sharon comenzó inmediatamente su carrera política con una gran campaña mediática subrayando dos motivos fundamentales: que se le obligó a renunciar al ejército en contra de su voluntad por razones políticas y que, a pesar de que Israel era una potencia militar en la región, su gobierno evitaba «cobardemente» utilizar la fuerza militar para alcanzar objetivos políticos (que no especificaba). Al mismo tiempo, se unió al Partido Liberal, miembro del Mahal, uno de los bloques de derechas de la Knesset, que también integraba al partido Herut de Begin. Sharon invirtió mucha energía en unificar estos partidos y en agregar pequeñas facciones adicionales en aras a crear un nuevo partido que se presentara a las elecciones bajo el lema: «Unidad en defensa del Gran Israel». Sharon creía que si unía a todos estos partidos de la oposición antes de las elecciones, la nueva coalición podría sustituir al «eterno» partido gobernante y ser nombrado ministro de Defensa. Sin embargo, ya fuera porque todavía carecía de experiencia y era un extraño en la política o porque los políticos implicados en la operación desconfiaban unos de otros, los intentos de Sharon fueron abortados.

Mientras Sharon estaba intentado componer sobre la marcha un movimiento político, estalló la guerra de 1973. Decenas de miles de soldados de infantería egipcios y cientos de tanques cruzaron el canal de Suez y destruyeron la línea de Bar Lev. En el norte, los militares sirios, que habían coordinado su ataque con Egipto, tomaron los Altos del Golán y amenazaban con invadir el norte de Israel. Contrariamente a la opinión general, el ataque no fue por sorpresa. Los militares israelíes y otras fuentes de los servicios de inteligencia habían recibido advertencias precisas que citaban tanto el día como la hora. El propio rey Husein informó a Golda Meir sobre el ataque que se avecinaba. Se presuponía que en caso de que Israel hiciera saber a Egipto y a Siria que estaba plenamente al tanto de los planes de ataque, la guerra podría postergarse o incluso evitarse.

La incapacidad de Israel para prevenir la guerra anunciada se puede explicar como el resultado de un encuentro informal que tuvo lugar en la legendaria «cocina de Golda», sobre el cual Hanoch Bartov ha publicado recientemente un relato[17]. En la reunión que tuvo lugar aproximadamente seis meses antes del inicio de la guerra, estuvieron presentes Golda Meir, Moshe Dayan e Israel Gallili, un ministro sin cartera, consejero jefe y brazo derecho de Meir. Gallili informó en la reunión de que si Israel no respondía a las que se describían como «generosas ofertas» realizadas por Sadat, la guerra era inevitable. Tanto Meir como Dayan respondieron con un «¿Y qué?», exponiendo que el ataque daría a Israel la oportunidad de destruir por segunda vez al ejército armado por los soviéticos. Por consiguiente, Israel esperaba arrogantemente una guerra, pero no la que finalmente se produjo. La sorpresa se presentó en el plano táctico. Miles de soldados egipcios portaban misiles ligeros teledirigidos Saggar que causaron graves daños a la fuerza aérea y a las unidades acorazadas israelíes, paralizándolas casi completamente durante la primera fase de la guerra. La orilla oeste del canal también fue defendida con una contundente batería de misiles tierra-aire de largo alcance que sólo fueron destruidos posteriormente por las fuerzas acorazadas y por la infantería que cruzaron el canal hacia el oeste.

Ariel Sharon y su división de reserva (143) fueron movilizados sin dilación en el momento en el que los egipcios y los sirios rompían fácilmente las líneas israelíes y sitiaban las fortificaciones israelíes a lo largo del canal. Pero en esta guerra Sharon luchó, explícitamente, en dos frentes: uno contra las fuerzas egipcias en el sur, y el otro por su propia gloria personal, la cual esperaba convertir en ventajas políticas después de la guerra. El objetivo de Sharon era ser el primero en cruzar el canal de Suez desde el este y ser reconocido por la opinión pública israelí como el héroe principal, si no el único, que ganaba la guerra y que salvaba a Israel de la catástrofe. Quería alcanzar su objetivo utilizando cualquier medio que fuera necesario e independientemente de cualquier otra consideración. Durante esta guerra Sharon fue acusado por sus colegas de ignorar la mayoría de las órdenes que le daban los comandantes en jefe y la Junta de Estado Mayor

---

[17] Durante mucho tiempo ha sido de dominio público que Israel conocía de antemano que se iba a producir la guerra de 1973 y que no hizo nada para prevenirla; sin embargo, Bartov, en su nueva y ampliada edición de la biografía de David Elazar (apodado *Dado*) proporciona pruebas documentales irrefutables.

y de trastornar cualquier plan que no encajara con sus intereses personales. Dejó los flancos de su propia unidad y de otras unidades israelíes sin protección para ser el primero en cruzar el canal. También estaba decidido a batir a su rival y compañero, el comandante de división general Abraham Adan, a quien originalmente se le asignó por los comandantes del alto mando cruzar el canal de Suez en el momento previsto como parte de una planeada contraofensiva[18]. Supuestamente la división de Sharon iba a abrir una vía hacia el canal, a establecer y a proteger una cabeza de puente en la orilla oeste y a cubrir a las fuerzas del general Adan mientras lo cruzaban.

El 9 de octubre, una pequeña unidad de reconocimiento de la división de Sharon descubrió un espacio sin protección entre el Segundo y Tercer Ejército egipcios que estaban cruzando el canal en dirección hacia el este. Sharon, cuyas unidades todavía no contaban con todos los hombres ni estaban completamente equipadas, pidió el permiso de la Junta de Estado Mayor para hacer un arriesgado movimiento entre los dos ejércitos egipcios y cruzar el canal, provocando la confusión entre las fuerzas armadas y entre los comandantes egipcios. La propuesta de Sharon, considerada como extremadamente arriesgada, fue rechazada por dos razones. En primer lugar, las pequeñas fuerzas que Sharon tenía a su disposición, apoyadas sólo por unos pocos tanques y que carecían de la cobertura aérea adecuada, podrían ser fácilmente destruidas por la vasta concentración de fuerzas egipcias en la zona. En segundo lugar, los mandos militares aguardaban una ofensiva general egipcia contra Israel –que, efectivamente, se produjo– y decidieron no dispersar las fuerzas israelíes, que aún carecían de los hombres suficientes y que no estaban completamente equipadas. Por la misma razón, el alto mando rechazó la propuesta anterior de Sharon de que su división condujera una expedición para rescatar a los desesperados soldados sitiados en la línea del canal. A mediados de octubre, Sharon tuvo finalmente la posibilidad de ser el prime-

---

[18] La guerra de 1973 ha sido etiquetada como «la guerra de los generales» entre los propios generales, ya que éstos estaban profundamente inquietos sobre cómo afectarían las valoraciones de sus éxitos y fracasos a su prestigio personal. Mientras que otros oficiales de más alto rango estaban principalmente preocupados por el lugar que pasarían a ocupar en la historia, Sharon tenía una agenda inmediatamente política.

ro en cruzar el canal, lo cual produjo muchas bajas israelíes innecesarias, hizo vulnerables varias brigadas a un eventual ataque egipcio y obligó a muchos soldados israelíes a adentrarse en territorio enemigo sin el suficiente apoyo, munición o equipo. Sharon sufrió una herida leve en su frente y la fotografía del general israelí sangrando mientras pisaba suelo africano y rodeado de admirados soldados gritando al unísono «Arik, rey de Israel» se difundió por todo el país y por todo el mundo. A pesar de las decisiones militares sumamente controvertidas de Sharon, una vez más se hacía famoso como el «salvador de Israel».

9

EL PATRÓN DE LOS COLONOS

Inmediatamente después de los acuerdos de alto el fuego con Egipto y Siria, Israel se vio abrumado por una oleada de protestas que por primera vez tenían su origen entre las clases medias. A su regreso, los soldados no sólo contaron a la gente los horrores de la guerra, sino la lamentable preparación de los mandos militares, su confusión y la falta de liderazgo. Los manifestantes también exigían respuestas y responsabilidades por parte de los responsables políticos, es decir, de Golda Meir y de Moshe Dayan. Las protestas populares fueron en aumento, aunque la gente estaba muy lejos de conocer toda la verdad sobre hasta qué punto los líderes civiles eran responsables de esta costosa y sangrienta guerra. Se introdujeron nuevos términos en el discurso político y en la agenda pública, como *mehdal*, el fracaso a la hora de anticipar y prepararse para la guerra que tan palmariamente se avecinaba, y *kontzeptia*, la idea equivocada de que bajo las condiciones territoriales y geopolíticas actuales los árabes nunca hubieran tenido el estímulo para atacar Israel. Estos términos reflejaban lo poco que la opinión pública, e incluso la elite, sabía acerca de la verdadera causa de la guerra, que reclamó las vidas de 2.636 soldados israelíes y de miles de soldados egipcios y sirios. Debe señalarse que hasta que no fueron digeridos por completo el significado y las consecuencias de la guerra de 1973, la gran mayoría de los ciudadanos israelíes era indiferente a los problemas intrínsecos que comportaba el sometimiento de 3,5 millones de palestinos árabes residentes en los territorios ocupados, probablemente porque todavía se consideraba que la situación era temporal.

Desde el punto de vista sociológico, la ocupación militar de un territorio supone un orden social excepcional consistente en un régimen de administración temporal por parte de un poder extranjero que se instaura al finalizar una guerra. Bajo un régimen de estas características, la mayoría o la totalidad de los derechos civiles y políticos de la población son suspendidos; sin embargo, desde el siglo XIX, los derechos humanos de ésta están supuestamente protegidos por leyes y convenciones internacionales. Se entiende que las ocupaciones son temporales porque se asume que es intolerable negar a una población sus derechos civiles o, en otro caso, su derecho a la autodeterminación. Para poner fin a una ocupación pueden seguirse tres caminos: la retirada de las fuerzas de ocupación y la restauración del orden social original; la concesión del derecho de autodeterminación a la población del territorio; la anexión del territorio al del ocupante otorgando así, al menos formalmente, los mismos derechos a la población apropiada que los que disfrutan los ciudadanos del poder ocupante. El derecho internacional reconoce el derecho a resistir una ocupación, pero bajo reglas estrictas, prohibiendo, por ejemplo, la muerte intencionada de civiles.

En Israel, el discurso acerca del futuro de los territorios ocupados se orquestaba entre un puñado de políticos y grupos de la elite. Después de 1973, la opinión pública no sólo abandonó la euforia sentida tras 1967, sino que también se hizo progresivamente consciente de la complejidad de su situación. Este gran movimiento popular de protesta sin orientación política clara se dividió paulatinamente tomando dos direcciones opuestas y constituyó dos movimientos extraparlamentarios tremendamente articulados. Un grupo, obedeciendo a una mezcla de razones racionalistas, religiosas y securitarias, decidió que Israel debía anexionar definitivamente todas las tierras conquistadas o, al menos, todo el territorio de la Palestina histórica y además los Altos del Golán sirios. Este grupo también creía que en los territorios tenía que asentarse (colonizarlos es un término más preciso en estas circunstancias) un movimiento de base popular en aras a forzar al Estado a no abandonarlos.

Como medida para pacificar a los ciudadanos después de la desastrosa guerra de 1973, el gobierno creó una comisión investigadora encabezada por el respetado juez del Tribunal Superior de Justicia Simón Agranat. Los objetivos de la comisión fueron meticulosamente definidos y estaban únicamente referidos a la actuación de los mandos militares durante un periodo de tiempo delimitado. La comisión únicamente llegó a la conclusión de que el jefe del Estado Mayor, David Elazar, el comandante del frente en el sur, Shamuel Gonen, y el jefe de los Servicios de Inteligencia Militar eran responsables de la mala conducción de la guerra y, en consecuencia, fueron destituidos.

En las elecciones celebradas tardíamente en diciembre de 1973, a pesar de las grandes movilizaciones populares, la opinión pública aún no estaba preparada para castigar al partido gobernante por su negligencia y por su fracaso. Esta protesta estaba parcialmente motivada por las vociferantes acusaciones de Sharon contra los militares y contra los líderes políticos y sus estrategias de gobierno, en particular por el acuerdo provisional con Egipto para el redespliegue de las fuerzas militares, que posteriormente constituyó la base de los acuerdos de paz. Durante la guerra, Sharon se había opuesto a aceptar la resolución de alto el fuego de Naciones Unidas. Preocupado por la erosión de los poderes disuasorios israelíes, había exigido que continuara la lucha hasta que Israel hubiera alcanzado una victoria decisiva sobre Egipto. En estas elecciones, el partido de derechas en la oposición, Likud, aún fragmentado, aumentó considerablemente su poder en la Knesset, pasando de 29 a 39 escaños de un total de 120. Uno de los escaños del Likud estaba ocupado por Ariel Sharon.

Sharon llegó a la conclusión de que el trabajo parlamentario gris de un diputado sin cargo específico en un partido, en este caso de la oposición, no encajaba ni con su temperamento ni con su carácter ni con sus ambiciones. También se sentía entorpecido por las mutuas sospechas y desconfianzas suscitadas entre los políticos veteranos y el excesivamente dogmático recién llegado. Dimitió al aprobarse una resolución que prohibía a todo miembro de la Knesset ostentar un puesto de alto rango como comandante de campo. De hecho, Sharon había buscado incesantemente una oportunidad para regresar al servicio militar en activo y para ser ascendido al puesto que más deseaba, el de jefe del Estado Mayor de las fuerzas armadas israelíes. La dimisión de Golda Meir, el nombramiento de Yitzhak Rabin como primer ministro, la intensificación de la lucha palestino-israelí a lo largo de la frontera israelí y la purga de la Junta de Estado Mayor después de las revelaciones de la comisión Agrant fueron percibidas por Sharon como una oportunidad para buscar un papel más activo en la defensa de la política militar israelí.

Tras la expulsión de Fatah y de otras organizaciones guerrilleras palestinas de Jordania después de los sangrientos enfrentamientos producidos en septiembre de 1970, la OLP tomó el control del territorio en el sur del Líbano, estableciendo paulatinamente un Estado dentro de otro Estado. Sus centros de operaciones estaban situados en Fakahani, un barrio de la parte oriental de Beirut. Desde sus bases del sur del Líbano, las organizaciones guerrilleras palestinas lanzaron una serie de asaltos principalmente contra objetivos civiles tanto en el interior como en el exterior de Israel.

Estas incursiones comenzaron a mediados de la década de 1960 y continuaron produciéndose durante dos décadas. El elevado número de víctimas causadas se contaba por cientos, muchas de ellas civiles. Sin embargo, en la mayoría de los actos de terrorismo con múltiples víctimas, éstas se debieron al fracaso de las operaciones de rescate por parte de los militares y de las unidades de policía israelíes cuando trataban de liberar a los rehenes que estaban siendo utilizados como moneda de cambio para obtener la libertad de los combatientes palestinos retenidos por Israel en cárceles o en campos. La acción de las fuerzas de seguridad israelíes en Avivim (20 de mayo de 1970) en la que murieron nueve niños y 19 fueron heridos, y la de Maalot (15 de mayo de 1974), en la que 21 niños fueron asesinados y 68 heridos, fueron dos ejemplos de tragedias en las que las víctimas estuvieron causadas, en parte, por fallidas operaciones de rescate. Un tercer ejemplo se produjo el 11 de marzo de 1978, cuando una tentativa de rescatar a los pasajeros a bordo de un autobús secuestrado llevó a que se matara a 35 personas, la mayoría de las cuales provenían de pequeños y humildes asentamientos fronterizos.

Los ataques perpetrados por diversos grupos palestinos no se circunscribían al territorio israelí, sino que estaban dirigidos contra objetivos israelíes situados en todo el mundo. El 5 de noviembre de 1972 fueron tomados como rehenes en Múnich los miembros del equipo olímpico israelí. Durante las abortadas operaciones de rescate conducidas por las unidades de seguridad alemanas se mató a 11 atletas israelíes. En muchas ocasiones las organizaciones guerrilleras palestinas cooperaban con otras organizaciones, como la banda alemana Baader-Meinhof, el IRA y el Ejército Rojo japonés. Así, una unidad del Ejército Rojo japonés en cooperación con el Frente Popular de Liberación de Palestina atacó el aeropuerto internacional Ben Gurion en una acción llamada Operación Deir Yasín, asesinando a 16 personas e hiriendo a 66. Todavía más aterradores fueron los ataques a las líneas áreas de todo el mundo, en los que los grupos guerrilleros palestinos secuestrarían aviones y en ocasiones los harían explotar en pleno vuelo. Estos intolerables asaltos contra toda la comunidad internacional los ejecutaron principalmente, aunque no exclusivamente, pequeñas organizaciones guerrilleras palestinas.

La mayoría de las veces el terror es el arma de los débiles frente a organizaciones fuertes como los Estados, sean potencias regionales o mundiales. Sin embargo, como se demuestra en el presente libro, también incluye el uso de violencia indiscriminada contra civiles para poder alcanzar objetivos militares y políticos. Además, la etiqueta de «terrorismo» se presta a distintas interpretaciones. Lo que una de las partes del conflicto llamaría terrorismo podría ser llamado por la otra una resistencia legítima a la ocupación, así como también a la opresión étnica, religiosa o nacional. La misma batalla por definir la situación (por ejemplo, «terrorismo» *vs.* «resistencia» o «lucha armada») forma parte del conflicto, en este caso entre los israelíes y los palestinos. Sin embargo, debe afirmarse sin ambigüedad que causar la muerte intencionadamente a civiles desarmados o su exposición deliberada a situaciones en las que pueden morir es un crimen de guerra y contra la humanidad. Es moralmente condenable, ya sea utilizada por organizaciones no estatales y clandestinas o por «legítimos» aparatos de Estado. Los mismos criterios son aplicables a los asesinatos extrajudiciales de las personas sospechosas de cometer actos de terrorismo por parte de los Estados (véase la segunda parte de este libro), incluidos Israel, Estados Unidos e Inglaterra.

Puede que parezca que al adoptar esta posición nos arriesguemos a colocarnos en una encrucijada moral. Cuando hay una asimetría inmensa de poder entre los grupos étnicos débiles y sin Estado (como los palestinos) y las potencias poderosas (como Israel), definir la resistencia legítima de manera restringida parece beneficiar a la parte poderosa del conflicto y al *statu quo*. Pero como veremos más adelante, este problema es sólo aparente y no es un verdadero problema.

Por un lado, los ataques terroristas convirtieron el problema palestino-israelí en una parte importante de la política internacional y contribuyeron a la reformulación de la cuestión palestina, dejando de ser un problema humanitario referido a los refugiados y pasando a ser una repolitizada reivindicación nacional por el derecho a la autodeterminación. Por otro lado, los ataques terroristas crearon la necesidad existencial para Israel, o el pretexto, para cometer un politicidio contra el pueblo palestino, el cual encuentra actualmente su expresión y representación más intensa en Ariel Sharon. Mediante su implicación en ataques terroristas, los frustrados y desesperados palestinos intentaron atraer la atención internacional a su causa y forzar a los israelíes a negociar con ellos, pero su lucha armada provocó duras venganzas por parte de los israelíes, creó la sospecha de que no estaban dispuestos a alcanzar acuerdos pacíficos y fue firmemente condenada por la mayor parte de la comunidad internacional. Estas tácticas estigmatizaron a los palestinos como un pueblo sanguinario e infrahumano, con el que cualquier *rapprochement* o muestra de compresión eran completamente imposibles, y permitieron que Israel justificara su continua y ascendente opresión sobre él como una cuestión de autodefensa. En tiempos más recientes, los ataques terroristas han creado un clima político interno en Israel que hace más probable que se produzca una segunda *Nakba*[19].

En 1976, Sharon cruzó de nuevo las líneas de la política, abandonó el Likud y se enroló en el gobierno laborista del primer ministro Rabin como asesor especial por un periodo de ocho meses a partir de junio. En su autobiografía, Sharon hace un resumen de este periodo:

> Había sido una época fructuosa, adquirí experiencia a un nivel que era nuevo para mí, me forzó a considerar las cuestiones nacionales desde la perspectiva de quien ocupa el sillón de primer ministro y me puso en contacto con los líderes mundiales. La primera vez que estuve delante de

---

[19] En julio de 1974, el Decimosegundo Consejo Nacional Palestino adoptó la idea de establecer «una autoridad nacional palestina en toda área liberada del control israelí», la llamada opción del microEstado. Ante esta resolución y la posibilidad de la participación Palestina en la Conferencia de Paz de Ginebra, Israel declaró que esta resolución preñada de enormes consecuencias adoptada por el CNP era otra conspiración para destruir a Israel. Cabe señalar que esta resolución empujó a George Habash, líder del Frente Popular para la Liberación de Palestina, a dimitir del Comité Ejecutivo de la OLP y a establecer, junto con los grupos guerrilleros sirios, el Frente de Rechazo.

Henry Kissinger fue con Rabin, me miró y murmuró jovialmente: «He oído que eres el hombre más peligroso de Oriente Próximo».

A pesar de la descripción idílica que hace Sharon de este periodo, Rabin no le dio carta blanca para sus propias iniciativas e incluso le negó el acceso a un gran volumen de información, si bien, efectivamente, para él éste fue un periodo importante. Desarrolló un plan maestro para los asentamientos judíos en los territorios ocupados, que tenía como objetivo una política de hechos consumados, de tal manera que éstos hicieran imposible la retirada del control judío sobre los territorios. Durante su servicio como consejero de Rabin, Sharon dedicó su tiempo a desarrollar una visión estratégica de los palestinos. Quizá por vez primera, Sharon los observó no solamente a través del cañón de un arma, sino desde una perspectiva geopolítica más amplia. La idea básica que elaboró consistía en permitir a los palestinos establecer su propio Estado en Jordania, pero eliminar su presencia política, militar y social en Líbano. Para impulsar estos objetivos, estableció sus primeras relaciones con el comandante Saad Haddad, quien estaba al mando de una milicia proisraelí en el sur del Líbano. Sharon rompió incluso un importante tabú israelí al declarar en sucesivas ocasiones su disposición a colaborar con la OLP en la construcción del nuevo Estado palestino en Jordania. También reconoció a los cristianos maronitas de Líbano como los «aliados naturales» de Israel contra los palestinos después de los disturbios civiles que habían estallado en Líbano. Tras la sacudida electoral de 1977, que llevó a su nombramiento como ministro de Agricultura y como presidente de la Comisión para los Asentamientos y, posteriormente, como ministro de Defensa, intentó llevar a la práctica estas ideas.

Una de las políticas que Sharon implementó durante este periodo como ministro de Defensa resultó un rotundo fracaso: la creación de una milicia antiOLP llamada la Liga del Pueblo bajo la dirección de un administrador civil y profesor de la Universidad Hebrea, Menajem Milson. Irónicamente, durante este mismo periodo, los israelíes que administraban los territorios ocupados y que actuaban asesorados por expertos orientalistas apoyaban a los aparatos tradicionales islámicos porque se consideraba que eran más fácilmente manejables y sumisos a los israelíes que los nacionalistas de la OLP.

El gobierno de Rabin se derrumbó en poco tiempo, en parte debido a un pequeño incidente con el Partido Nacional Religioso y en parte porque Rabin poseía una cuenta bancaria no permitida en Nueva York. Se señalaron nuevas elecciones para el 17 de mayo de 1977 y Sharon, incapaz de regresar al Likud, se presentó a las elecciones con su propio partido, Shlomzion, ganando dos escaños. Pero el resultado más relevante de estas elecciones fue la severa derrota del Partido Laborista, debida principalmente a la pérdida de sus votos en beneficio de un partido centrista surgido de la clase media y de reciente formación, Dash (acrónimo de Movimiento Democrático por el Cambio), que estaba liderado por el respetado arqueólogo, profesor y estrella de la televisión Yigael Yadin, el oficial que había formulado y ejecutado el Plan D. Según disponen las leyes israelíes, el líder del partido que haya obtenido el mayor número de votos, en esta ocasión Menajem Begin, se convierte en primer ministro después de engranar satisfactoriamente una coalición. El minúsculo partido de Ariel Sharon se integró en el Likud y a él se le entregó la cartera del ministerio de Agricultura. Moshe Dayan, quien había cruzado las líneas del partido, fue recompensado con el cargo de ministro de Asuntos Exteriores y Ezer Weizman (el comandante de las fuerzas aéreas durante la guerra de 1967) se convirtió en ministro de Defensa.

En este gabinete, Sharon se convirtió en uno de los grandes patronos de los colonos, actuando con más *élan* que Shimon Peres, al que sustituyó. En su autobiografía, hacía alarde de que durante sus primeros cuatro años como ministro, *él* logró establecer 64 asentamientos en los territorios ocupados.

En este punto, es necesario subrayar que de acuerdo con la cláusula 55 de la Convención de la Haya de 1907, las fuerzas de ocupación actuarán sólo como gestores y beneficiarios temporales de las tierras y del resto de propiedades de los territorios ocupados; la consumación de hechos irreversibles sobre el territorio no está permitida. Un ejemplo de hechos de este tipo es la transferencia de población desde el país ocupante a los territorios ocupados. Por consiguiente, a tenor del derecho internacional todos los asentamientos judíos en los territorios son ilegales y, a lo sumo, temporales[20].

---

[20] De hecho, Israel siempre ha rechazado la definición de los territorios como ocupados, proclamando que los mismos nunca estuvieron bajo la soberanía de ningún otro Estado (dado que la anexión de Cisjordania por Jordania nunca fue recono-

En el verano de 1980, tanto Moshe Dayan como Ezer Weizman dimitieron de sus cargos en el gabinete y la coalición de Begin comenzó a descomponerse. Durante su periodo como ministro de Agricultura, Sharon mostró un hondo desprecio y una agresiva falta de respeto hacia sus colegas aterrorizando a todos ellos, incluyendo al primer ministro. Begin, envejecido y propenso a los cambios de humor, era un primer ministro débil y, contrariamente a su imagen pública, incapaz de disciplinar a sus ministros, especialmente a Sharon. Aunque se resistió a los esfuerzos de Sharon por intimidarle tras la dimisión de Weizman y rechazó nombrarle ministro de Defensa, la caída del gobierno, las inminentes elecciones y la evacuación de los asentamientos judíos del Sinaí le hicieron ver hasta qué punto dependía de Sharon. Begin le nombró director de la campaña electoral del Likud con la promesa de que si el partido ganaba las elecciones, él sería nombrado ministro de Defensa. Y esto es, por supuesto, lo que ocurrió.

---

cida por la comunidad internacional, exceptuando a Inglaterra y Pakistán), y porque mantienen que las tierras cayeron bajo su control durante una guerra justa y defensiva. A pesar de todo, Israel sí que se atribuía obrar de acuerdo con el derecho internacional en los territorios, incluyendo la Cuarta Convención de Ginebra de 1949. No obstante, la mayoría de los expertos en derecho internacional no aceptan este planteamiento, dividiéndose entre quienes consideran a Israel como una fuerza de ocupación y quienes piensan que es un ocupante fideicomisario que controla el territorio hasta que la soberanía aletargada de los residentes locales, una entidad sociopolítica específica, se transforme en un organismo de autogobierno.

10

LA SEGUNDA TENTATIVA DE POLITICIDIO

El 5 de agosto de 1981, Menajem Begin formó su segundo y último gobierno. Ariel Sharon formaba parte del mismo como ministro de Defensa. La primera gran misión de Sharon consistía en implementar la última fase de los acuerdos de paz entre Israel y Egipto, esto es, el desmantelamiento, o más exactamente la destrucción completa, de todos los asentamientos judíos en Sinaí. Gush Emunim intentó organizar no sólo la resistencia local a la evacuación, sino también un movimiento de masas nacional cercano a la rebelión civil en aras a detener la retirada. Los líderes espirituales de Gush Emunim (principalmente rabinos) llamaban a los soldados a desobedecer las órdenes para implementar la evacuación y un grupo de fanáticos se encerró en un búnker y amenazó con suicidarse si se les obligaba a evacuar. El Gush pretendía construir una realidad sociopolítica de trauma nacional que se grabara para siempre en la memoria colectiva, pero fracasó completamente. Algunos de los colonos aceptaron la generosa compensación que les fue ofrecida por el gobierno y que estaba financiada con un paquete de ayuda especial proveniente de Estados Unidos y abandonaron los asentamientos pacíficamente. La mayoría de los rebeldes que llegaron para reforzar la resistencia local eran colonos de Cisjordania temerosos de que la evacuación del Sinaí sirviera como precedente para una eliminación futura de sus propios asentamientos. Sin embargo, bajo la dirección de Sharon, la evacuación de abril de 1982 de los asentamientos del Sinaí se produjo en pocos días y sin ningún incidente serio[21].

Cabría preguntarse cómo es que el hombre que más hizo por implantar los asentamientos, quizá con la única excepción de Moshe Dayan, pudo gestionar su desmantelamiento de un modo tan sumamente eficiente. Su conducta fue particularmente sorprendente si se tiene en cuenta que durante los largos años de negociaciones entre Egipto e Israel, Sharon se opuso constantemente a la evacuación y había sido el único miembro del Likud en la Knesset que votó en contra del acuerdo de paz. Es más, durante el tiempo que ocupó el cargo de ministro de Agricultura (y posteriormente en el gobierno de Netanyahu como ministro de Infraestructuras Nacionales) había hecho todo lo posible por ampliar los asentamientos. Algunos detractores sostienen que la disposición de Sharon a implementar la evacuación revela el carácter hipócrita y egoísta de un hombre siempre dispuesto a hacer cualquier cosa para favorecer sus intereses. En su autobiografía, Sharon dedica muchas páginas a describir el significado y la importancia de la paz con Egipto. Benziman proporciona en su biografía una tercera explicación, según la cual Sharon se entusiasmó con el acuerdo de paz con Egipto sólo cuando él estuvo implicado personalmente y era la única persona a cargo de su implementación.

Todas estas explicaciones pueden ser ciertas y no necesariamente se excluyen entre sí. No obstante, la disposición de Sharon a pagar cualquier precio para poder sacar de la escena a Egipto debe ser interpretada dentro de los términos de la visión geopolítica de Begin y de Sharon sobre el conflicto en la región y sobre el conflicto palestino-israelí, la cual ha sido excelentemente descrita por Zeev Schiff y Ehud Yaari en su libro *Israel's Lebanon War*[22]. Para que Israel pudiera consolidar el control sobre Gaza y Cisjordania –especialmente

---

[21] Los adeptos al movimiento y algunos colonos y psicólogos argumentaban que los colonos desarraigados sufrirían el resto de sus vidas un «trauma de la evacuación», que nunca se produjo. Algunos utilizaron este argumento psicológico para basar su ideología, a otros les ayudó a maximizar sus compensaciones materiales.

[22] Schiff, un veterano analista militar de *Haaretz* muy respetado (aunque conservador), fue el primero en desvelar en un artículo periodístico el gran programa de Sharon para establecer un nuevo orden en Líbano varios meses antes de que se produjera la invasión, advirtiendo sobre sus repercusiones. Probablemente algunos oficiales de alto rango que intentaron que Israel se ahorrara la aventura filtraron el plan a Schiff, pero la divulgación del mismo no sirvió de mucho.

después de los acuerdos de Camp David, donde Begin se comprometió a concederles la plena autonomía en cinco años– se requería el politicidio del único enemigo existencial del Estado judío. Si, según su concepción, los Estados árabes eran enemigos acérrimos pero manejables, únicamente los palestinos sin Estado podrían tener un derecho moral e histórico contra toda la entidad judía establecida en 1948 sobre las ruinas de su sociedad.

Tras la repolitización del problema de los refugiados palestinos y de su redefinición como una cuestión etnonacional al terminar la guerra de 1973 y después del rechazo palestino a adoptar la ecuación de Sharon según la cual «Jordania es Palestina», desde la perspectiva de éste, únicamente su politicidio podía resolver el conflicto. Pero la única forma de llevar a la práctica este politicidio sin provocar una guerra de graves consecuencias en la región en la que los palestinos se concertarían con los Estados atacantes era hacer las paces con el país árabe más poderoso en la región.

El politicidio de los palestinos podría incluir la destrucción de su infraestructura militar e institucional en el sur de Líbano y, posiblemente, la aniquilación de Fatah y de otras organizaciones militares y políticas de la cúpula de la OLP. Desde este punto de vista, esta nueva realidad política forzaría a los palestinos de Cisjordania y de la franja de Gaza a aceptar cualquier solución dictada por los israelíes. Para alcanzar este objetivo, era necesaria la invasión de Líbano y el apoyo de un aliado interno dentro del país. El campo de visión de Sharon tenía, sin embargo, un alcance mayor, ya que, de acuerdo con su concepción, únicamente la expulsión de los sirios de Líbano y el establecimiento de un gobierno amigo que firmara un acuerdo de paz con Israel podría cambiar la realidad geopolítica de la región. Este plan es una muestra palpable del poco conocimiento de Líbano en particular, y de los procesos sociopolíticos en general, poseídos por este megalómano ávido de poder.

A decir verdad, los aliados libaneses vislumbrados por Sharon ya existían: la comunidad cristiana maronita. Una de las fantasías sionistas más antiguas era el establecimiento en la región de una alianza de minorías (cristianos, judíos, drusos, circasianos, etc.) que sirviera para contrarrestar la mayoría musulmana en la zona. Desde mediados de la década de 1950, los cristianos maronitas de Líbano habían estado envueltos en guerras civiles y en un estado de violencia fruto de una pérdida de hegemonía en el país, en parte causada por una política de expansión territorial que atrajo bajo su control a los grupos étnico-religiosos no maronitas (musulmanes y drusos). Los últimos en llegar fueron los refugiados palestinos de 1948, a quienes los maronitas culpaban de la inestabilidad interna existente en el país. Sin embargo, fue únicamente en la primavera de 1976 cuando una de las facciones maronitas, el Partido de la Falange encabezado por Pierre Gemayel y por su hijo Bashir, recurrió secretamente a Israel para obtener ayuda militar en su lucha contra la coalición de izquierdas drusopalestina liderada por Kamal Jumblatt. Durante las negociaciones, otro líder maronita, Danny Chamoun, dijo a un equipo israelí: «Dadnos armas y masacraremos a los palestinos». Esta petición se hizo durante el primer mandato de Rabin, el cual cautamente se abstuvo de cualquier intervención directa, pero fueron enviadas a las milicias cristianas, a través de un oficial de enlace llamado Benjamin Ben Eliezer que sirvió como intermediario, remesas de armas y de munición, incluyendo rifles M-16, misiles antitanques LOW y algunos viejos tanques Sherman. Israel estableció una relación más directa y estrecha con los pobladores de las aldeas situadas en las fronteras del sur de Líbano y con una milicia cristiana local capitaneada por el comandante Saad Hadad, un oficial nombrado por el *de facto* inexistente ejército libanés. La colaboración se hizo firme y se dio a conocer públicamente durante el periodo del primer mandato de Begin. Éste estaba impresionado por las peticiones y las actitudes aristocráticas de los líderes maronitas y en varias ocasiones declaró que «Israel no permitiría que se produjera el genocidio [de los maronitas] en Líbano». En marzo de 1978, las fuerzas israelíes ocuparon provisionalmente el sur de Líbano, en un intento de neutralizar a los grupos guerrilleros palestinos y de expandir el territorio controlado por el comandante Haddad en una acción llamada Operación Litani (el río que marcaba orientativamente la frontera de los territorios bajo la influencia israelí). La operación se malogró porque las fuerzas guerrilleras evitaron el combate y huyeron hacia el norte para regresar sólo tras la retirada de los israelíes.

Poco tiempo después, los maronitas decidieron que preferían una alianza con los sirios y les invitaron a entrar en el país y a masacrar a la milicia y a los civiles palestinos. Pero los sirios no tardaron en cambiar de bando después de que su vasallo local, Tony

Frangieh, fuera asesinado en una venganza por Bashir Gemayel, y los falangistas se volvieron en contra de la milicia cristiana rival. Los cristianos intentaron con éxito implicar al mismo tiempo tanto a los israelíes como a los sirios, cuya presencia militar se había incrementado gradualmente[23].

Durante este periodo, Israel nombró un nuevo jefe del Estado Mayor: Rafael Eitan, quien era muy conocido por sus limitados horizontes intelectuales, por su actitud despreciativa hacia los árabes y por su gusto por la batalla. El primer ministro Begin, que también desempeñó el cargo durante este periodo como ministro de Defensa después de la dimisión de Weizman, creía que era necesaria la guerra en Líbano tanto por el fracaso de la Operación Litani como por la creciente penetración política y militar siria en el país. Además de ello, las nuevas elecciones estaban a la vuelta de la esquina y las perspectivas del gobierno de Begin no parecían halagüeñas. Consecuentemente, en mayo de 1981 Begin, en colaboración con Eitan, tomó dos decisiones cruciales: destruir el reactor nuclear iraquí y hacer estallar las tensiones en la frontera del norte[24]. Entre el 29 de marzo y el 3 de julio de 1981, Israel bombardeó por aire y por mar objetivos palestinos en Líbano. Cuando los palestinos se percataron del interés de Israel en una escalada del conflicto, se resistieron a reaccionar. El 9 de julio, Israel reanudó sus ataques sobre los objetivos palestinos, pero en esta ocasión, después de una semana de bombardeo ininterrumpido, los palestinos respondieron apuntando hacia la ciudad costera de Nahariya con misiles Katiusha. Israel tomó represalias casi inmediatamente, enviando aviones para destruir el cuartel general de la comandancia de Fatah y del Frente Democrático, el cual estaba situado en un área densamente poblada de Beirut. En una síntesis de los resultados del ataque, Zeev Schiff y Ehud Yaari escribieron que

---

[23] En Líbano había, al menos, tres milicias cristianas distintas —y rivales—, cada una de las cuales estaba afiliada a una de las grandes familias patriarcales. Israel volcó muchas energías en intentar unificar a estas milicias y hacerlas confluir juntas en un ejército libanés, pero no tuvo éxito. Sólo después de las masacres cometidas entre sí por las milicias, se las arreglaron Bashir Gemayel y sus falangistas para asumir el control de la otras dos milicias, dejando a un lado a la de Haddad, que estaba protegida por Israel.

[24] Desde el periodo de Ben Gurion, los políticos israelíes han sabido que la mejor forma de distraer a la opinión pública de las dificultades internas, económicas o de otra índole, es desviar el foco de atención hacia el conflicto árabe-judío.

«los resultados [de la acción] eran previsibles. A pesar de los esfuerzos [de los pilotos] para señalar los objetivos y conseguir dar en el blanco, se acabó con la vida de más de 100 personas y cerca de 600 fueron heridas; según las estimaciones israelíes únicamente 30 eran terroristas». La respuesta que dieron entonces los palestinos fue despiadada: con misiles y artillería terrestre durante diez días paralizaron la vida en el norte de Israel, incluyendo las ciudades de Kiryat Shomne y Nahariya, causando una evacuación parcial de la población fuera de la zona. A pesar de la abrumadora superioridad militar israelí, la artillería terrestre y los bombarderos israelíes fueron incapaces de acallar la artillería ligera y sumamente móvil de la guerrilla palestina. Begin aceptó alcanzar una tregua el 24 de julio cuando el enviado estadounidense Philip Habib llegó a la región para que se entablaran negociaciones entre Israel y la OLP. Éste fue el primer acuerdo indirecto entre Israel y la OLP y fue rigurosamente cumplido por ambas partes.

No está claro, ni siquiera hoy, hasta qué punto Begin era conocedor y pleno cómplice del gran programa diseñado por Ariel Sharon y, tampoco, si Sharon le engañó sobre cuáles eran sus objetivos últimos cuando le convenció para iniciar la guerra en Líbano (la cuestión fue incluso objeto de dos pleitos por difamación interpuestos por el propio Sharon contra *Haaretz* y la revista *Time* cuando ambas publicaciones le acusaron de engañar a Begin y ocultarle los objetivos últimos de la invasión). Sin embargo, un estudio cuidadoso de los documentos históricos no parece sustentar esta alegación. De lo que no cabe duda es de que el gabinete de gobierno israelí nunca aprobó directamente ni la operación ni sus metas políticas. A los ministros se les solicitó su aprobación para la operación de manera fragmentada y en la mayoría de los casos retroactivamente. Por ejemplo, la decisión crucial de tomar el control de la autopista entre Beirut y Damasco se colocó en la agenda del gabinete en el marco de una posible respuesta militar siria a la anexión de los Altos del Golán por parte de Israel en diciembre de 1981. Otras decisiones se tomaron bajo presión en momentos en los que las condiciones del campo de batalla estaban cambiando apresuradamente y después de que Sharon hubiera manipulado al gabinete, una habilidad que convirtió en un arte durante su carrera militar en activo, utilizando informes falsos sobre el campo de batalla y aprovechándose de la incapacidad de los miembros del gabinete para leer los mapas militares.

Begin comprendía y estaba completamente de acuerdo con Sharon sobre la necesidad de expulsar a la OLP de Líbano, así como sobre los peligros de verse envueltos en una guerra parcial o a gran escala. Probablemente, él se encontraba al tanto de los planes de establecer un nuevo régimen en Líbano a punta de bayoneta y de las intensas negociaciones mantenidas entre las delegaciones israelíes y los cuadros y facciones de los maronitas. En esas fechas, el secretario de Estado norteamericano, Alexander Haig, realizó una gira por la región que dejó a Begin y a su gobierno la impresión de que Estados Unidos consideraba a Siria un Estado satélite soviético y que permitiría a Israel adoptar hacia él una política de mano dura. Entretanto, el comandante del frente del sur, el general Amir Drori, recibía instrucciones de preparar planes detallados de las distintas fases de una invasión de Líbano (Operación Pinos Pequeños era el nombre en clave de la versión minimalista de la operación y Operación Pinos Grandes el de la misma a gran escala).

Los servicios de inteligencia egipcios, y también probablemente otros, filtraron los planes de invasión israelíes a los palestinos e igualmente debieron de haber dado algunos detalles a los sirios. Los líderes palestinos decidieron no dar ningún pretexto a Israel para atacar. Además, según Schiff y Yaari, un desesperado Yaser Arafat envió un mensaje personal a Begin por medio del enviado de Naciones Unidas, que decía: «Tú eres la persona que más me ha enseñado, como líder de la resistencia, cómo combinar la política con las tácticas militares... Tú más que nadie debes saber que no es necesario enfrentarse conmigo sólo en el campo de batalla. No envíes una fuerza militar contra mí. No intentes machacarme en Líbano. No lo conseguirás». El mensaje no recibió respuesta.

En la tarde del 3 de junio de 1982, el embajador de Israel en Londres fue disparado y herido gravemente por un comando de ataque enviado por Abu Nidal desde Damasco. Desde que se aprobara la resolución de crear un microEstado por el Consejo Nacional de Palestina en julio de 1974, Abu Nidal había roto con la OLP, había llamado traidor a Arafat y había intentado en varias ocasiones asesinarle. Arafat respondió sentenciándole a muerte. La acción de Abu Nidal fue, como perfectamente sabían los servicios de inteligencia israelíes, una provocación deliberada. Sin embargo, en la reunión celebrada a la mañana siguiente por el gabinete israelí, intencionadamente esta información no fue revelada por el primer ministro (Sharon, como ministro de Defensa, estaba en viaje secreto, pero ese mismo día, después de los hechos, regresó inmediatamente). Begin describió el intento de asesinato como una declaración de guerra y un repudio deliberado de la tregua alcanzada con la OLP gracias a la intermediación de Habib. Aquel viernes, el gabinete decidió enviar las fuerzas aéreas a bombardear las «bases terroristas» localizadas en Beirut. Los palestinos tomaron inmediatamente represalias bombardeando el norte de Israel. En la tarde del sábado siguiente, se celebró una reunión del gabinete en la casa de Begin donde el primer ministro y el ministro de Defensa desvelaron los detalles de una operación militar para proteger los asentamientos situados al norte de Israel de la artillería terrorista mediante la creación de una zona de seguridad que se extendería a 40 kilómetros del norte de la frontera de Israel. Otros objetivos de la operación incluían la evitación del conflicto con las tropas sirias estacionadas en Líbano, y la consolidación de una paz estable con un Líbano libre y soberano. Se trataba de una definición taimada de los fines de la operación (al día siguiente, en su comparecencia ante la Knesset, Begin llamó al plan Operación Paz para Galilea). Posteriormente, Sharon afirmó que el gabinete había aprobado el plan en su integridad, mientras que los ministros, que más tarde negaron cualquier responsabilidad por el estallido de la guerra, sostuvieron que la resolución para establecer la paz no pretendía ser una orden para una operación militar, sino una declaración general de permanecer en un estado de paz con un país vecino. En cualquier caso, antes de que el gabinete se hubiera ni siquiera reunido las unidades de elite israelíes estaban tomando tierra mucho más al norte de los 40 kilómetros establecidos[25].

Consciente de las críticas lanzadas contra él por el gabinete y por el propio Begin, Sharon declaró en su biografía que contrariamente a la costumbre de los anteriores ministros de Defensa, tomó la determinación de «que el escalafón político mantendría [en aquella guerra] un control férreo sobre el campo de batalla.

---

[25] La mayor parte de la dirección del Partido Laborista en la oposición estaba integrada por ex generales (Yitzhak Rabin, Haim Bar Lev, Mordejai Gur, etc.) o por hombres que habían sido anteriormente parte esencial del grupo dirigente en materia de seguridad, como Shimon Peres, y que conservaban un círculo de relaciones propias de antiguos camaradas con el alto mando militar. Por lo que, presumiblemente, estaban más al tanto de los planes y de las intenciones militares, y las entendían mucho mejor, que la mayoría de los ministros del gabinete.

En consecuencia, me aseguré de que el gabinete estuviera informado de cada progreso significativo y de cada progreso potencial. Corroboré que toda decisión fuera tomada en el gabinete y que las órdenes enviadas al ejército se hubieran decidido por sus miembros». Sharon está en lo cierto en una afirmación. Los ministros de Defensa anteriores nunca pidieron al gabinete la confirmación de cada movimiento que se hacía durante la batalla. Sin embargo, a diferencia de Sharon, ningún ministro de Defensa previo inició jamás una guerra tan aventurada.

Aparentemente los cálculos militares estuvieron equivocados desde el principio. El tiempo de llegada a la región de Beirut se estimó en un principio en tres días aproximadamente. Sin embargo, las fuerzas israelíes se encontraron con una resistencia palestina mucho más tenaz de la esperada (estas batallas dieron origen a la leyenda de los «niños RPG»[26] sobre los jóvenes palestinos que se enfrentaron a los carros blindados israelíes), se enfrascaron en una batalla con las tropas sirias que atacaron a las unidades israelíes (tras las provocaciones de éstas) y sufrieron un número considerable de bajas.

El primer campo de batalla con los palestinos fue en la zona de Tiro y Sidón donde están situados siete grandes campos de refugiados: Al Bass, Al Hanina, Rashidiya, Beni Mashuq, Bury al Shemali, Ain al Hilwe y Sha Briqa. Los palestinos utilizaron la estrategia clásica de la guerra de guerrillas consistente en ataques relámpago cometidos por unidades pequeñas y móviles. Las brigadas grandes y cuasi regulares (como Al Kastel o Karame) prácticamente no se emplearon. Desde los primeros días del conflicto, los palestinos postergaron la guerra relámpago sobre Beirut esperada por Israel, exponiendo a las fuerzas israelíes a una dura resistencia en la que bloquearon las carreteras que llevaban hacia el norte, lo que les causó un elevado número de bajas. En el cruce de Al Bass, en Ain al Hilwe, donde se resistió hasta el 17 de junio y que fue llamado el «Stalingrado palestino», y más tarde en la batalla sobre la fortaleza de Beaufort[27], los palestinos consi-

---

[26] Tipo de cohete antiataque [N. de la T.].

[27] El Beaufort era un castillo de los cruzados escarbado en la roca a 700 metros aproximadamente por encima del nivel del mar. Desde allí se divisaban los territorios de la Alta Galilea en Israel y la parte central del sur de Líbano y fue utilizado para bombardear el territorio israelí. Las fuerzas aéreas israelíes intentaron

guieron contener a las columnas israelíes. Ambas batallas se convirtieron en una leyenda de heroísmo para ambos bandos. El paso a la región de Sidón precisó cerca de cuarenta y ocho horas en lugar de las pocas horas planeadas y la resistencia palestina fue derrotada sólo después de indiscriminados y despiadados bombardeos aéreos. Después de la guerra, los analistas iraquíes llegaron a la conclusión de que la mayoría de los líderes palestinos en el escalafón de los comandantes de campo estaban por debajo del nivel medio de eficiencia, mientras que la destreza y la motivación de los soldados rasos era superior.

El 11 de junio se declaró un alto el fuego, pero las fuerzas israelíes continuaron avanzando hacia Beirut. Otro problema surgió cuando Sharon descubrió que Bashir Gemayel y sus falangistas no querían tomar Beirut oriental (musulmán y palestino), sino que esperaban que los soldados israelíes lo hicieran por ellos. Su única contribución a la guerra «para liberar a Líbano de los terroristas» fue su captura, el 16 de junio, del edificio de la Facultad de Ciencias situado en el barrio de Reihan, una acción que de algún modo contribuía a los esfuerzos israelíes por dominar Beirut oriental. De hecho, desde el principio, los maronitas no tuvieron muy clara su alianza con los israelíes. Por un lado, necesitaban el apoyo israelí para combatir lo que percibían como una amenaza existencial a su supervivencia como comunidad en Líbano. Por otro, querían continuar siendo considerados como parte del mundo y la cultura árabes y, en este marco, su alianza con Israel era considerada como una traición.

El rechazo de los falangistas a tomar Beirut oriental llevó a Ariel Sharon a sitiar la ciudad y a exigir la evacuación completa de las fuerzas y de los líderes de la OLP. El 25 de junio, las tropas israelíes conquistaron finalmente la región de Bhamdoun-Aley, el palacio presidencial de Baabda y el aeropuerto internacional de Beirut. En esta fase, los comandantes de las dos brigadas paracaidistas que tenían encomendado tomar el

---

muchas veces destruir la fortaleza sin conseguirlo. Un comando israelí logró tomar el control de la fortaleza después de una dura lucha en la que se acabó con la vida de los 18 palestinos que la defendían. Después de la batalla, Ariel Sharon y Begin llegaron a Beaufort para una rueda fotográfica y Begin declaró que la fortaleza había sido conquistada sin sufrir ninguna baja israelí. En su autobiografía, Sharon acusó a Rafael Eitan de proporcionar a Begin esta desinformación.

control de la ciudad intentaron convencer a Sharon y a Eitan de que este movimiento era disparatado, de que provocaría muchas bajas en ambos bandos y de que era sencillamente imposible imponer un gobierno maronita y la presidencia de Bashir Gemayel en Líbano. Los dos oficiales advirtieron de que Gemayel sería asesinado exactamente igual que lo habían sido el rey Abdalá y Anuar el Sadat. Ante el rechazo por parte de Sharon y Eitan de los argumentos de los oficiales, uno de ellos, el coronel Eli Geva, anunció al jefe del Estado Mayor que se negaría a dar a sus soldados una orden como ésa pero que en su lugar lucharía junto a éstos como un soldado raso. Sharon destituyó a Geva inmediatamente y se negó a permitir al otro oficial, el general Amram Mitzna, que se retirara.

Durante todo este periodo, los enviados estadounidenses Philip Habib y Morris Draper intentaron alcanzar un acuerdo para finalizar la guerra proponiendo la evacuación de las fuerzas guerrilleras y de las bases de la OLP del país, el establecimiento de fuerzas internacionales y la retirada de las tropas israelíes. La ciudad sitiada de Beirut estuvo sometida durante semanas a un duro e indiscriminado bombardeo por parte de la artillería, los carros blindados y las fuerzas aéreas israelíes, que alcanzó su punto álgido el 12 de agosto (el Jueves Negro), un día después de que el gabinete israelí aceptara las condiciones del acuerdo de Philip Habib para la evacuación de la OLP de Líbano. Israel lanzó un ataque interrumpido de siete horas sobre la ciudad que se cobró 300 vidas, la mayoría de civiles, en una ciudad donde las áreas principales ya estaban en ruinas, donde los suministros de agua y electricidad habían sido cortados y donde la población se estaba enfrentando a una hambruna y a un brote de enfermedades epidémicas a causa de los miles de cadáveres sin enterrar. Un bombardeo que recordaba al ataque de Dresde por los Aliados poco antes de acabar la Segunda Guerra Mundial. El mismo día, Sharon llamó a filas a una brigada paracaidista adicional. Según Benziman, cuando Sharon fue preguntado por el gabinete por qué quería ponerla en activo, nombró dos razones: salvar las vidas de los soldados israelíes y persuadir a la OLP de que aceptara las condiciones de Habib. Parece que lo que efectivamente interesaba a Sharon no era la evacuación de la OLP de Beirut, sino un combate cuerpo a cuerpo que conduciría a su aniquilación física. Esta vez, incluso Begin se encolerizó con su ministro de Defensa, que claramente estaba intentando sabotear los esfuerzos de Habib para evacuar a la OLP de Líbano.

Finalmente, el 13 de agosto se alcanzó un acuerdo después de la presión ejercida por Estados Unidos y por sus enviados Habib y Draper, en contra de los deseos y los planes de Ariel Sharon. El 1 de septiembre, la últimas naves transportando a los luchadores palestinos (equipados únicamente con armas ligeras) abandonaban Beirut y otras partes de Líbano camino de Túnez y de Yemen. Antes de partir, Arafat solicitó que fuera llamada una fuerza internacional para proteger a los palestinos de la venganza de los falangistas. Sharon rechazó la petición argumentando que lo que realmente querían los palestinos era evitar la recogida de las armas que tenían escondidas en sus campos y en sus barrios.

11

El horror de Sabra y Shatila

El 27 de agosto el Parlamento libanés, bajo la «protección» de las fuerzas armadas israelíes, eligió a Bashir Gemayel presidente de Líbano. Parecía que el gran programa diseñado por Sharon iba a consumarse y que podía disfrutar de una gran victoria política, aunque fuera al terrible precio de miles de muertes y de la destrucción de Beirut occidental, una de las capitales más vivas y desarrolladas del mundo árabe.

Las estimaciones sobre el total de las pérdidas humanas sufridas por las guerrillas palestinas, los civiles palestinos y libaneses y el personal militar sirio son sólo aproximadas pero se cuentan por miles. De acuerdo con Robert Fisk, durante los primeros tres meses de la invasión, se causó la muerte a cerca de 18.000 personas en la zona ocupada, mientras que sólo en Beirut occidental los ataques aéreos, la artillería y las descargas desde los buques de guerra israelíes acabaron con la vida de 2.500. Al comienzo de la operación, Menajem Begin estimó que como máximo habría 25 bajas israelíes. El 14 de junio, el jefe del Estado Mayor, Rafael Eitan, anunció que había 170 muertos y 700 heridos, pero tres días más tarde las cifras se dispararon a 214 muertos y 1.115 heridos. En 1985, cuando comenzaron los repliegues más importantes, Israel había perdido más de 1.000 vidas en una guerra a la que se llamó el Vietnam israelí.

La opinión general es que cuando tomó conciencia del grado en que había sido engañado por Sharon, Menajem Begin se retiró de la vida política y cayó en una depresión. Lo más probable, sin embargo, es que, exceptuando un pequeño número de casos, como el ataque masivo de las fuerzas aéreas sobre Beirut, Begin tuviese pleno conocimiento, como mínimo, de las líneas generales de la Operación Pinos Grandes. En cualquier caso, sobre él recae, no menos que sobre Sharon, toda la responsabilidad legal, moral y política de la guerra. Precisamente, el hecho de que Begin se retirara de la vida política fue fruto del fracaso y del elevado coste de una guerra que se había librado no en defensa propia, sino para alcanzar objetivos políticos, una guerra que él había optado por apoyar con toda la autoridad y la batuta moral que le confería su cargo como primer ministro.

A pesar de los repetidos esfuerzos de Sharon, el politicidio de los palestinos todavía no había sido completado, si bien habían sufrido una derrota militar, política y moral de gran importancia. El único logro de Arafat, además de conseguir salvar a la mayoría de los combatientes y de los líderes de la OLP, fue la cuarta disposición del documento Aviv-Draper que supuestamente iba a asegurar la integridad de «los palestinos no combatientes y sumisos a la ley que permanecen en Beirut», aunque no estaba claro quién tenía la responsabilidad de garantizar su seguridad.

Pero era demasiado pronto para que Sharon celebrara una victoria. Exactamente como era esperado por algunos de los oficiales de Sharon, el 14 de septiembre de 1982 a las 16.30 h, un agente sirio hizo detonar un potente artefacto explosivo en los cuarteles generales de Ashrafiya de la falange causando la muerte de Bashir Gemayel. En aquel momento, toda la operación cuidadosamente planeada se vino abajo como un castillo de naipes y Sharon perdió el control sobre la evolución posterior de los acontecimientos. El inicio de su caída personal, no obstante, sólo se produjo después de que el mundo llegara a enterarse de las atroces masacres de Sabra y Shatila.

En la tarde del 16 de septiembre, una de las unidades falangistas de elite, encabezada por el oficial jefe de la inteligencia de la milicia cristiana, Allies Houbeika, en cooperación con las fuerzas militares israelíes, irrumpió en los campos de refugiados palestinos de Sabra y Shatila (de hecho, parte de Beirut). Durante las siguientes cuarenta horas, asesinaron entre 700 y 2.000 hombres, mujeres y niños, mientras golpeaban y violaban al resto de sus habitantes[28]. Antes de abandonar los campos los falangistas se esforzaron por enterrar los cadáveres en fosas comunes con excavadoras. La masacre fue cometida de una manera sumamente profesional, mediante el avance relativamente silencioso de los milicianos casa por casa de forma que los habitantes no se percataran de lo que estaba sucediendo y no les fuera posible huir ni resistir (con excepción de un pequeño tiroteo sostenido con algunos jóvenes palestinos en el primer momento de la entrada de los maronitas en Shatila). Durante el tiempo que duró la operación, las fuerzas israelíes acordonaron los campos y un puesto de avanzada que no había sido informado de lo que estaba teniendo lugar no detectó nada inusual, aunque se levantaron algunas sospechas e incluso fueron puestas en conocimiento de los oficiales superiores.

La versión comúnmente aceptada considera la masacre como una reacción espontánea (venganza, si se quiere) por el asesinato de Bashir Gemayel dos días antes, pero esto es un intento simplista de explicar e incluso justificar este suceso aterrador. La masacre, cuando se observa dentro de su propio contexto político, es incluso más atroz. Tras la partida de la OLP y de los sirios de Beirut occidental y de sus barrios musulmanes, surgía la cuestión de quién iba a tomar el control en aquellas áreas y cómo, dado que se daba por sentado que muchas armas y municiones «terroristas» seguían allí. Los israelíes preferían que fueran tropas cristianas como el casi inexistente Ejército Libanés. En palabras de Sharon:

> Nosotros [los israelíes] no queríamos que nuestros propios soldados sufrieran bajas en enfrentamientos librados calle por calle. La tarea de perseguir a los terroristas podía ser cumplida de un modo mucho más efectivo por libaneses arabeparlantes familiarizados con los acentos locales y con el *modus operandi* urbano de la OLP. Así pues, se pediría a las tropas libanesas que se desplazaran a Beirut occidental conjuntamente con el ejército israelí. Sería trabajo suyo penetrar en los vecindarios y limpiarlos de los terroristas.

---

[28] La comisión de investigación israelí (la Comisión Kahan) aceptó las cifras brindadas por los servicios de inteligencia israelíes que estimaban el número de muertes entre 700 y 800 personas. La Cruz Roja palestina coloca la cifra de muertos en 2.000, mientras que las autoridades libanesas emitieron 1.200 certificados de defunción por las víctimas.

La segunda mejor elección eran los falangistas y durante toda la invasión Israel se esforzó por unir a estos dos «ejércitos cristianos» (y a otras milicias cristianas) sin éxito. En cualquier caso, ambas organizaciones militares cristianas querían ver Beirut y todo Líbano despejado de «terroristas», es decir, de palestinos, pero exigían que Israel hiciera el trabajo. De hecho, los libaneses cristianos culpaban abiertamente a Israel de todos sus problemas con los palestinos, considerando a los sionistas como los responsables del desarraigo de los palestinos en 1948 y su consiguiente huida a Líbano.

Cuando Sharon instó a los falangistas a entrar en Beirut occidental, contrariamente a lo que indica en su testimonio ante la Comisión Kahan, era perfectamente consciente del terrible pasado y las atroces tendencias actuales que tenía la milicia, habiendo sido advertido de ello en varias ocasiones por su servicio de inteligencia y por otros oficiales e, incluso, por sus colegas en el gabinete. Tampoco podemos olvidar que en muchas guerras y conflictos intercomunitarios se cometen masacres y otras atrocidades contra la población no combatiente que no son consecuencia, simplemente, de arrebatos viscerales y de odio, sino también producto de acciones calculadas diseñadas para forzar a la población a huir a otros territorios y limpiar étnicamente una zona sin los difíciles problemas logísticos que acarrea una evacuación forzosa[29]. La comunidad maronita nunca ocultó su deseo de expulsar a los palestinos del país. Su único problema era adónde deberían ir los palestinos: ni Siria ni Jordania (por supuesto, tampoco Israel) les acogerían. Además, ni siquiera sacar a los palestinos de la región de Beirut a una zona más periférica sería una victoria total para ellos. También había algunos conflictos de intereses entre los israelíes y los maronitas. Schiff y Yaari refieren que en las primeras fases de la invasión uno de los objetivos de Begin y de Sharon era empujar a los habitantes palestinos —no sólo a los combatientes— del sur del Líbano hacia el norte y por esto mismo se destruyó el máximo posible de casas por parte de la artillería y de las fuerzas aéreas israelíes y se tomaron medidas para evitar que fueran reconstruidas. Pero esta política no se mantuvo por mucho tiempo porque era descaradamente opuesta a los intereses del supuesto aliado de Israel.

---

[29] Así, en su libro *The Revolt*, Begin se vanagloria de que la actuación de su organización paramilitar Etzel en Deir Yassin estimuló la huida de árabes del país.

Una vez concluida la masacre, el gobierno israelí trató de restarle trascendencia y gravedad y de minimizar su responsabilidad, confiando en que la indignación doméstica e internacional amainaría pronto. La insensibilidad y la naturaleza etnocéntrica de esta postura se demostró con la famosa declaración de Begin: «Gentiles matan a gentiles y luego se acusa a los judíos»; así que ¿qué tienen que ver los judíos con esto? Pero la ola de protestas entre la opinión pública fue enorme. El 25 de septiembre, cerca de 400.000 manifestantes encolerizados se congregaron en la plaza central de Tel Aviv exigiendo la formación de una comisión de investigación independiente. Destacadas personalidades públicas, intelectuales y científicos también demandaban una investigación de lo sucedido y la dimisión de los responsables de la masacre. Después de diez tensas jornadas, Begin nombró una comisión de investigación presidida por el presidente del Tribunal Supremo Yitzhak Kahan.

De hecho, la cólera sin precedentes de la opinión pública a raíz de la masacre fue la culminación de una creciente inquietud sobre toda la guerra tanto en las líneas del frente como en casa. Los soldados conocían las discrepancias cada vez mayores que existían entre lo que ellos realmente hicieron, la desinformación de los portavoces militares y las declaraciones del primer ministro y del ministro de Defensa. Además, nunca habían tenido tantas dificultades para comprender la lógica subyacente de la operación militar. Por primera vez en la historia de Israel aparecía el fenómeno de los objetores de conciencia, al haber soldados que se negaban a prestar servicio en suelo libanés. La siguiente ocasión en la que se iba a producir este fenómeno en Israel nuevamente estaría relacionada con uno de los intentos de Sharon de cometer politicidio contra los palestinos.

La desconfianza hacia el gobierno y hacia sus políticas se extendió con rapidez. Después del intento de asesinato del embajador Argov, de la publicidad sensacionalista que le siguió y del bombardeo de ciudades en el norte de Israel, la opinión pública y los partidos de la oposición política habían apoyado en gran parte la Operación Paz para Galilea durante sus etapas iniciales. Mientras la guerra parecía victoriosa y el número de bajas pequeño, el apoyo público se mantuvo. Pero una vez que las cifras cada vez más altas de víctimas se hicieron públicas, las discrepancias entre el objetivo inicial de crear una zona de seguridad para la región septentrional y la verdadera dirección de la guerra se convirtieron en una cuestión pública de primer orden y en una causa de malestar civil.

Los diferentes actores que operaban en Líbano y la comunidad internacional también tuvieron su papel en cómo se desencadenaron los hechos. En varias ocasiones Arafat imploró su ayuda a Siria, pero fue en vano. Los sirios sostenían duras batallas con las fuerzas israelíes sólo si ellos estaban siendo directamente amenazados. La invasión de Líbano se inició inmediatamente después de producirse la anexión de los Altos del Golán y parece ser que Siria sospechó que ambos movimientos israelíes estaban dirigidos a provocar una guerra contra su país y contra el régimen de Hafez al Asad y no quiso dar ningún pretexto a Israel para que esto se produjera[30]. Las otras milicias libanesas miraban a los palestinos en calidad de rivales y se volvieron hacia Israel sólo después de que su presencia allí se prolongara. Los soviéticos y algunos países europeos expresaron su solidaridad, pero estaban totalmente desarmados para proporcionar apoyo militar o diplomático a Líbano. Por supuesto, el actor externo más importante fue Estados Unidos y su presidente Ronald Reagan. La Administración estadounidense tenía un doble compromiso hacia dos arduos aliados: Arabia Saudí e Israel. Los saudíes nunca fueron grandes admiradores de la OLP y de Arafat, pero ante la invasión por parte de Israel sentían la obligación de intervenir utilizando su influencia en Estados Unidos. Desde el principio, Washington dejó claro a los israelíes que el ataque al embajador Argov no justificaba una invasión a gran escala, si bien el secretario de Estado, Alexander Haig, un antiguo general y un halcón acérrimo, encontró que tenía muchos puntos en común con Sharon y tanto a él como al gobierno israelí les transmitió la impresión de que la Administración de Reagan toleraría una «operación militar limpia» y corta (es decir, sin bajas innecesarias) en Líbano. Haig sentía tanta simpatía hacia los israelíes que varias veces les prometió más de lo que la Administración Reagan estaba dispuesta a conceder y fue obligado a emitir clarificaciones que fueron auténticas retiradas de sus posiciones y promesas ini-

---

[30] Begin y Sharon, enfrentados a la desagradable situación en Líbano, contemplaban compartir el control o la influencia sobre el país con Siria. La parte situada al sur del país estaría bajo control israelí mientras que la parte norte estaría bajo control sirio. *De facto*, ésta fue efectivamente la situación entre 1985 y 2000, cuando Ehud Barak finalmente retiró las tropas israelíes de Líbano.

ciales. Finalmente, se le obligó a marcharse y fue sustituido por George Shultz. La tensión entre Estados Unidos e Israel venía de antes, cuando Israel se anexionó los Altos del Golán. Como respuesta, Estados Unidos suspendió el tan deseado Memorando de Entendimiento Estratégico, un pacto militar de bajo nivel que acababa de ser firmado por Sharon y por el secretario de Defensa Caspar Weinberger. Aparentemente, Washington nunca manifestó una política clara respecto a la invasión. El embajador estadounidense en Tel Aviv, Samuel Lewis, mantuvo una serie de difíciles conversaciones con Begin. Éste le acusó de intentar interferir en la política israelí y Lewis, no muy diplomáticamente, acusó a Begin y a Sharon de engañar a la Administración estadounidense. Sobre el terreno, Philip Habib y Morris Draper realizaron su labor admirablemente. De hecho, Sharon sólo se enfrentó a dos restricciones fundamentales que en alguna medida le frenaron y evitaron que implementara completamente su gran programa: la presión estadounidense y la opinión pública, que claramente estaba influenciada no sólo por el horror de Sabra y Shatila, sino también por la severidad de las bajas y por la sensación de que el gobierno había violado un contrato social tácito en virtud del cual los militares, en gran parte integrados por soldados de reserva, sólo podían ser utilizados en guerras sobre las que hubiera un consenso. Sharon aprendió bien la lección, como se demostrará más tarde al tratar su regreso político en 2000.

El 9 de febrero de 1983 se publicó el informe de la Comisión Kahan: se concluía que ciertos oficiales de alto rango (incluidos el jefe del Estado Mayor y el responsable del servicio de inteligencia militar) habían cometido negligencias en el desempeño de sus cargos y se recomendaba la destitución de algunos de ellos. La comisión concluía que el primer ministro, si bien no tenía una implicación directa en lo sucedido, sí tenía cierto grado de responsabilidad global, pero respecto a él no se hacía ninguna recomendación específica.

De hecho, la Administración estadounidense comparte mucha de la responsabilidad indirecta por la masacre. Los negociadores de la OLP eran bien conscientes del peligro de dejar a la población civil palestina sin protección. Ellos estuvieron dispuestos, después de cuarenta días de asedio, a dejar Beirut pero demandaron garantías sólidas por parte de Estados Unidos. El 20 de agosto, Estados Unidos envió una nota a la OLP, que incluía el siguiente compromiso: «Los palestinos no combatientes y observantes de la ley que permanezca en Beirut, incluidas las familias de aquellos que han fallecido, gozarán de autorización para vivir en paz y seguridad [...]. Estados Unidos prestará su garantía de acuerdo con los compromisos asumidos por el gobierno de Israel y de otros líderes de ciertos grupos libaneses [a saber, los falangistas y el ejército libanés] con los que [Estados Unidos] ha estado en contacto». El conocido historiador palestino Rashid Jalidi, quien escribió un libro sobre el proceso de toma de decisiones en la OLP durante la guerra, suscitó otras cuestiones interesantes sobre la posible responsabilidad de los líderes de la OLP en la masacre. Destacó el absoluto aislamiento de los palestinos respecto a cualquier apoyo potencial, incluyendo a los países árabes y a otras potencias importantes, y la opinión mantenida en aquel momento de que continuar con la batalla llevaría a la completa destrucción de Beirut y al enorme sufrimiento de todos los ciudadanos de Líbano. Jalidi concluía que «es difícil ver cómo una dirección política responsable podría haber optado por otra cosa que no fuera lo que hizo [evacuar], a pesar de lo crueles que se revelaron sus resultados». En cualquier caso, la Comisión Kahan encontró que Sharon soportaba la mayor parte de la responsabilidad por la masacre:

> Una vez sopesados los hechos que han quedado acreditados, se le imputa la responsabilidad de lo ocurrido al ministro de Defensa por no haber atendido a la posibilidad de que se produjeran actos de violencia y de derramamiento de sangre por parte de los falangistas contra la población de los campos de refugiados y por haber dejado de prestar la debida consideración a este peligro [...] consideramos que el ministro de Defensa es personalmente responsable [...] [y] procede que el ministro de Defensa exponga las debidas conclusiones personales con respecto a los errores revelados en el modo en el que ha desempeñado las funciones de su cargo y si fuere necesario que el primer ministro considere ejercer su autoridad en consecuencia [...] [y] después de informar al gobierno de su intención de hacerlo así, destituir al ministro [de Defensa] de su cargo.

Tras las revelaciones y las tajantes conclusiones de la Comisión de Investigación Kahan, Ariel Sharon fue considerado desde un punto de vista moral e incluso legal políticamente acabado. Sin embargo, en virtud de su documento de constitución, la Comisión Kahan únicamente indagó en el episodio aislado de Sabra y Shatila y no examinó el suceso dentro de su contexto más amplio perfilado por la invasión israelí de Líbano y por las razones políticas y las consecuencias humanas de esta guerra. Si se hubiera realizado una investigación de estas características, se hubiera encontrado que un amplio espectro de la clase dirigente política y militar israelí eran, al menos desde un punto de vista moral, criminales de guerra, culpables no sólo de crímenes contra los palestinos y contra los libaneses, sino también contra el pueblo judío de Israel.

Segunda parte

La ruta al sharonismo

12

DE LA REBELIÓN CIVIL A LA GUERRA INTERCOMUNITARIA

Para comprender tanto la situación actual en Tierra Santa como los distintos efectos que se pueden derivar de la misma, es necesario hacer un breve análisis de cuatro acontecimientos cardinales producidos antes de las victorias arrolladoras de Ariel Sharon en las elecciones de 2001 y de 2003. Estos acontecimientos son la primera Intifada, los Acuerdos de Oslo, las fallidas negociaciones entre Ehud Barak y Yaser Arafat en Camp David bajo los auspicios de Bill Clinton y las primeras etapas de la actual Intifada de Al Aqsa. El principal objetivo de la segunda parte de este libro reside en arrojar luz sobre las razones subyacentes a dos desplazamientos dramáticos y contradictorios producidos en la relación entre Israel y Palestina: el primer intento relevante por alcanzar una reconciliación y su ocaso bajo una sangrienta guerra intercomunitaria que ha truncado considerablemente y ha herido en profundidad a ambas sociedades, si bien de manera diferente, y cuyo fin aún no está en el horizonte.

El 9 de diciembre de 1987 tuvo lugar un acontecimiento tan previsible como inesperado. Después de veinte años de quietud, se produjo un levantamiento popular contra la ocupación que se desencadenó en la franja de Gaza y que se extendió a Cisjordania. La cúpula dirigente de la OLP fuera de los territorios no se vio menos sorprendida que los propios israelíes. Esta revuelta, posteriormente conocida como la Intifada, comenzó como una reacción espontánea, pero con el tiempo pasó a estar perfectamente coordinada. Se formaron comités populares clandestinos de ámbito local y nacional, a la vez que los llamados Líderes Unidos de la Revuelta que operaban dentro de los territorios daban directrices a la población local. Estas directrices, formalmente ratificadas por la dirección de la OLP en el exterior, se difundían principalmente mediante folletos (*bayans*). Uno de los efectos de la Intifada fue que por primera vez desde 1948 el poder político dentro de los palestinos se desplazó desde los líderes en el exilio a los líderes todavía jóvenes y anónimos del interior del país.

Se trató de una revuelta popular genuina que se hacía visible mediante huelgas, manifestaciones masivas en las ciudades y en los campos, el ondeamiento de la bandera palestina proscrita y jóvenes, entre ellos algunas mujeres, que lanzaban piedras apuntando hacia las fuerzas israelíes que operaban dentro de los territorios ocupados. Así fue como la imagen de los «niños RPG» fue sustituida por la imagen de los «niños con la piedra». También fue el comienzo del fenómeno de la *shuhada*, que consistía en llamar *shahids* (mártires, una palabra que conlleva connotaciones tanto religiosas como seculares de carácter nacionalista) a los jóvenes que morían en el levantamiento. En ocasiones puntuales fueron apuñalados civiles o soldados judíos aislados, principalmente a manos de mujeres jóvenes armadas con cuchillos y en algún momento se arrojaron cócteles molotov. Los militares israelíes indefensos ante estos niños de la resistencia utilizaban gases lacrimógenos, porras y posteriormente balas de goma, en sus intentos de dispersar a los manifestantes[1].

Salvo en ocasiones excepcionales, los palestinos eludieron las tácticas clásicas de la guerrilla y las acciones terroristas y en gran medida lograron neutralizar la tremenda superioridad militar israelí. Al mismo tiempo, se utilizaban los medios de comunicación locales y extranjeros para llevar al mundo el mensaje de su demanda inquebrantable de libertad.

Yitzhak Rabin, ministro de Defensa en el gobierno de unidad nacional, trató de sofocar la revuelta recurriendo a la violencia física

---

[1] Las pelotas de goma son munición real. Consisten en balas recubiertas de goma o de plástico que amortiguan su impacto y que causan un número menor de muertes. Sin embargo, esta munición «blanda» provocó la muerte a algunos palestinos y dejó a muchos otros lisiados de por vida.

brutal pero absteniéndose de la utilización de armas de fuego. Ordenó a sus soldados dar palizas a los palestinos responsables de tirar piedras, romperles las piernas o los brazos y detener sin cargos a miles de habitantes de los campos haciendo uso de detenciones administrativas. Las confrontaciones entre los israelíes y los palestinos experimentaban un curioso giro librándose, al final del segundo milenio, con piedras y cachiporras. Sin embargo, Rabin, soldado él, extrajo dos conclusiones cardinales de la rebelión palestina y de la respuesta dada por los israelíes. Una era que la ocupación prolongada era perniciosa para las fuerzas armadas israelíes y para la seguridad de su país considerada en términos estratégicos. En lugar de tratarse de una fuerza militar entrenada para combatir en guerras y equipada con la tecnología militar más moderna y sofisticada, los militares israelíes estaban en peligro de convertirse en un cuerpo policial y de perder su capacidad para combatir en guerras de verdad. Los finitos recursos militares se destinaban a proteger a las docenas de pequeños asentamientos, sus carreteras y a los autobuses que llevaban a los niños de los colonos a las escuelas. A ello se suma que era al ejército a quien se recurría para proteger a los palestinos frente a las patrullas de autodefensa organizadas por los colonos. La conclusión que extraía Rabin era que esta situación, además de suponer una pérdida infructuosa de valiosos recursos humanos, socavaba la propia mentalidad militar porque el ascenso de los soldados dependía no de su destreza en combate, sino de sus méritos como policías. La otra conclusión que Rabin extrajo de su periodo como ministro de Defensa, en marcada contradicción con las conclusiones que sacaría Sharon cinco años más tarde, era que la solución al conflicto entre Israel y Palestina no era militar. Pero Rabin, al igual que Sharon, desconfiaba de los árabes en general y de los palestinos en particular. Las conclusiones generales de Rabin y su compleja visión del mundo vinieron a ser, en gran medida, la base para las medidas determinantes tomadas cinco años después cuando fue elegido primer ministro.

13

OSLO

Después de las elecciones de 1992, una coalición minoritaria encabezada por el Partido Laborista y por Yitzhak Rabin tomó de nuevo el poder. El Partido Laborista había unido sus fuerzas a las del partido de centro-izquierda Meretz y esta coalición minoritaria tuvo capacidad para formar un gobierno estable únicamente gracias al apoyo de dos pequeños partidos suplementarios ligados a votantes árabes y comunistas[2]. Con todo, fue lo suficientemente amplia como para bloquear la formación de una coalición de derechas.

Aunque el Partido Laborista había prometido en su programa electoral solucionar el problema palestino, carecía de un plan claro sobre cómo hacerlo. Contrariamente a su oposición tradicional a la formación de un Estado palestino colindante con Israel, la mayor parte de Meretz y de los dos partidos de la coalición estaban, en términos generales, a favor del establecimiento de una entidad así configurada.

---

[2] El propio Meretz es una combinación de tres partidos que gravitan en torno al Partido de Derechos Humanos fundado por Shulamit Aloni. Shas, el partido tradicionalista de los *mizrahim,* los judíos que emigraron a Israel desde tierras musulmanas, iba supuestamente a unirse a la coalición pero después de que su líder político, Aryeh Deri, tuviera ciertos problemas con la justicia este partido quedó fuera de la misma.

Como ya ha sido expuesto, el propio Rabin había llegado a la conclusión de que la solución al levantamiento palestino no podía ser militar. Por ello reaccionó adoptando una actitud seria y receptiva cuando le fue planteada la propuesta de unas conversaciones entre especialistas israelíes y algunos oficiales de medio rango de la OLP. Estas conversaciones, que iban a ser celebradas bajo los auspicios del gobierno noruego y de su ministro de Asuntos Exteriores, Johan Jurgen Holst, recibieron la autorización retroactiva del ministro de Asuntos Exteriores israelí, Shimon Peres. El encargado de continuar con las mismas, si bien secretamente, una vez obtenida la sanción oficial fue el viceministro de Asuntos Exteriores Yossi Beilin. En el momento en el que los palestinos indicaron su disposición a llegar a un acuerdo provisional, el gobierno israelí comenzó por examinar las opciones. Poco antes, ya se había extendido entre los dirigentes políticos y entre algunos políticos de la derecha la idea de una retirada de la franja de Gaza, una zona con una elevada densidad de población, difícil de controlar y desprovista de recursos. La dificultad estribaba en encontrar una organización que estuviera dispuesta a asumir la responsabilidad y el control de la franja de Gaza sin exigir la retirada completa de todos los territorios ocupados.

Según se desprende de las actas de las conversaciones extraoficiales mantenidas en Noruega, se hizo patente que la OLP estaba dispuesta a asumir la responsabilidad sobre la franja de Gaza y sobre una parte adicional y simbólica de Cisjordania sin exigir la negociación previa de un acuerdo concreto y definitivo sobre su *status*. Estaba implícito que esta buena disposición se iba a materializar en un acuerdo que sería implementado por etapas y que incluía el establecimiento de la Autoridad Nacional Palestina (ANP) en Cisjordania y en la franja de Gaza y la transferencia final de partes sustanciales de los territorios ocupados al control exclusivo de la OLP.

En agosto de 1993, este acuerdo se hizo oficial y llevó a que el 13 de septiembre, en Washington DC, se produjera la firma de la Declaración de Principios (DP). La primera fase delineada en la DP obligaba a Israel a traspasar a la recién establecida ANP la mayor parte de la franja de Gaza (exceptuando los asentamientos judíos en el bloque de Katif, integrado por aproximadamente cien familias que ocupan un barrio situado en una zona cuya densidad de población es de las más altas del mundo) y la zona de Jericó (en virtud de los Acuerdos de El Cairo de 4 de mayo de 1994). En las fases subsiguientes, estaba previsto que la ANP obtuviera el control exclusivo de todas las ciudades palestinas y de los campos de refugiados de Cisjordania y de la franja de Gaza, donde el nivel de población era enormemente elevado (se exceptuaban las áreas judías establecidas en la ciudad de Hebrón). La extensión total de territorio que iba a ser transferido al control exclusivo palestino (Área A) abarcaba aproximadamente un 4 por 100 de los territorios comprendidos por Cisjordania y por la franja de Gaza. El acuerdo también contemplaba una división intermedia del resto del territorio de Cisjordania y de la franja de Gaza en dos áreas bajo distinto control. El área bajo control exclusivo israelí comprendía el valle del Jordán, todos los asentamientos judíos en Cisjordania y sus vías de acceso (Área C), mientras que el área de control conjunto abarcaba la mayor parte de las zonas rurales de Cisjordania, que incluía un número aproximado de 440 pueblos y las tierras de alrededor (Área B). En el Área B, la autoridad palestina iba a tener el control sobre las cuestiones administrativas e Israel iba a conservar su autoridad sobre las cuestiones militares; también se acordó la creación de patrullas conjuntas de israelíes y palestinos.

Bajo la convicción de que trabajar dando pequeños pasos juntos serviría para infundir más confianza, los acuerdos pretendían transferir progresivamente a los palestinos el control sobre toda la población palestina de Cisjordania y de la franja de Gaza (con la excepción de Jerusalén oriental y del área metropolitana aledaña). Los asentamientos judíos en los territorios ocupados (incluyendo las carreteras de acceso) y sus poblaciones permanecerían bajo control israelí.

Estaba previsto que este acuerdo provisional tuviera una duración de cinco años, tiempo en el que se llegaría a un acuerdo definitivo sobre una miríada de cuestiones, entre las que se encontraban el *status* de Jerusalén Oriental, las fronteras, el problema de los refugiados, el *status* definitivo de la ANP, el reparto del agua de los acuíferos comunes y el uso del espacio aéreo.

Los israelíes también estaban obligados a permitir la libre circulación entre las dos partes del territorio de la ANP en condiciones de seguridad, a poner en libertad a los prisioneros y a los palestinos en cautividad y a conceder su ayuda (junto con Estados Unidos y los países europeos) a proyectos destinados a desarrollar las infraestructuras económicas y sociales de las áreas bajo el control de la ANP, como eran la construcción de un aeropuerto internacional y un puerto de aguas profundas en Gaza. A cambio, lo único que prometían los palestinos, más allá del reconocimiento de Israel, era el final de la guerra de guerillas contra este país y emprender las medidas de actuación que fueran necesarias para prevenir los atentados terroristas contra el mismo y contra sus ciudadanos, sin olvidar a los residentes de los asentamientos judíos en los territorios ocupados. Para cumplir este objetivo se acordó la creación de un cuerpo de policía palestino y de diferentes tipos de fuerzas de seguridad (tales como las fuerzas de Seguridad Preventiva).

La propia ANP tenía distintas razones para estar interesada en el establecimiento de estas unidades armadas. La creación de un cuerpo de policía palestino hacía posible para gran parte de los miembros de las unidades paramilitares (y para sus familias) que habían sido deportados desde Líbano a Túnez regresar a Palestina. También se permitió el regreso de otras unidades del Ejército de Liberación de Palestina que habían sido dispersadas por varios países distintos. Estas últimas unidades, junto con los efectivos locales (principalmente veteranos de Fatah), se integraron con las unidades venidas desde Túnez y se convirtieron en la principal fuerza de la que podía depender el régimen de la ANP, que se consideraba a sí mismo un Estado en ciernes. Hoy en día, estas unidades son consideradas la vieja guardia, frente a la joven guardia local.

Estas organizaciones formaban parte de un vasto aparato burocrático, lo cual es una característica habitual de los Estados en vías de desarrollo y no industriales. Al carecer de infraestructuras económicas productivas, estos aparatos desempeñaban una función adicional, más allá de la consecución de sus manifiestos objetivos institucionales. En la medida en que son una fuente de empleo y de ingresos para un amplio estrato de la población, favorecen la entrada legítima de recursos en dinero líquido y sirven para mantener las lealtades al régimen. El «ejército palestino», con sus uniformes y sus armas (ligeras y de medio alcance), proporcionaba a los palestinos el satisfactorio y necesario símbolo nacional. Según se desprendía del acuerdo, los efectivos de esta milicia podían sumar 9.000 hombres, pero en realidad su número sobrepasó rápidamente esta cifra. Posteriormente, y en gran parte debido al incremento de la rebelión armada y de las acciones terroristas contra Israel que se produjeron a partir de octubre de 2000, las fronteras entre las milicias oficiales y los diversos grupos armados –entre los que había distintos grados de apoyo y de control por parte de la ANP– se difuminaron considerablemente. La más conocida de estas milicias locales cuasi oficiales era la Fatah-Tanzim, o la «Organización», formada por jóvenes locales –y no por los veteranos venidos de Túnez– que declaraban su lealtad personal a Fatah, a la ANP y a Arafat. Se consideraban a sí mismos una organización de seguridad interna que complementaba a la inefectiva policía de azul y, en la misma medida, una fuerza que podría volverse en contra Israel si fuera necesario.

El mismo pueblo palestino se encontraba dividido en cuanto al reconocimiento mismo de Israel, así como también en cuanto a la naturaleza de los acuerdos provisionales que iban a dar lugar a la constitución de la ANP. Incluso entre los fundadores de la propia Fatah –por no mencionar a los miembros del Frente Democrático, del Frente Popular y del Movimiento Islámico– había quienes rechazaban completamente el acuerdo. Éstos consideraban la conformidad de la dirección de Fatah con el establecimiento de la ANP, y posiblemente más adelante de un Estado dependiente y desmilitarizado sobre un territorio desgarrado y dividido que sólo abarcaba una minúscula parte de la Palestina histórica (británica), como un desastre y un acto de traición. La principal oposición al acuerdo provenía de los palestinos en el exilio, quienes pensaban que los líderes de la OLP les habían abandonado entregando su derecho a regresar. Se aferraban al axioma central de la diáspora palestina que afirma que el derecho al retorno es un derecho fundamental no sólo de todo individuo, sino de la comunidad que ha sido arrancada de su tierra natal por la fuerza.

Tal vez, el opositor más conocido al acuerdo fuera Edward Said, crítico despiadado del enfoque «orientalista» en la cultural occidental. Said, quien apoyó a la OLP y a Arafat y de quien generalmente se considera que mantiene una postura moderada, se pronunció inmediatamente en contra de la DP considerando el acuerdo como una claudicación total ante el sionismo y Occidente. En su opinión, Israel había aplicado la clásica estrategia colonial que busca transformar el control militar *directo* en un control *indirecto*, para lo cual se estaba aprovechando de los colaboracionistas palestinos y utilizando su superioridad económica, tecnológica y militar.

Otros palestinos que criticaban el acuerdo, principalmente personas «de dentro» que habían pasado la mayor parte de sus vidas bajo la ocupación israelí (como el activista político de Gaza Dr. Haidar Abed al Shafi o Mahmud Darwish, considerado el poeta nacional de Palestina), estaban dispuestos a aceptar los principios del acuerdo de paz con Israel y el reconocimiento del Estado, pero criticaban las condiciones bajo las que Arafat y la corriente dominante de los dirigentes estaban dispuestos a aceptarlos. Estas condiciones parecían completamente insatisfactorias y hacían aflorar las dudas sobre las verdaderas intenciones de Israel. Los motivos de protesta de estos opositores se encontraban, entre otros, en el hecho de dejar los asentamientos judíos en los territorios palestinos (la mayor parte de ellos en el corazón de Hebrón y de la franja de Gaza) durante el periodo provisional, en la postergación de las conversaciones sobre el *status* definitivo de Jerusalén, en el aplazamiento de la liberación de los prisioneros palestinos y en el reducido tamaño del territorio que iba a ser transferido a la ANP.

14

EL ESTABLECIMIENTO DE LA AUTORIDAD NACIONAL PALESTINA

Arafat y sus partidarios pusieron en peligro su posición política y es posible que hasta sus vidas al aceptar las condiciones impuestas por Israel, unas condiciones que ellos mismos consideraban draconianas. No obstante, su interés primordial se centraba en el acuerdo final a través del cual los palestinos supuestamente ganarían, por primera vez en su historia, un Estado soberano e independiente. Se presumía que este Estado iba a cubrir la mayor parte del territorio de Cisjordania y de la franja de Gaza teniendo por capital Jerusalén oriental y que dentro de sus fronteras sólo contendría una pequeña minoría de colonos y de asentamientos judíos. Iba a aprobar su propia ley del retorno y a estimular selectivamente, marcando el ritmo que creyera conveniente, la migración de los palestinos en la diáspora al nuevo Estado en función de su capacidad económica para asumir esta absorción y de sus necesidades ideológicas.

Aparentemente, cuando la corriente predominante de los dirigentes palestinos firmó el acuerdo, se consideró que a corto plazo se trataba de un programa mínimo y al mismo tiempo óptimo[3].

---

[3] El 14 de diciembre de 1998, el Consejo Nacional Palestino acordó, como parte de las medidas de implementación del acuerdo y en presencia del presidente de Estados Unidos, suprimir los artículos de la Carta Nacional Palestina que se referían a la destrucción de Israel y nombrar un comité encargado de reformular el

En cualquier caso, los palestinos nunca antes se habían acercado a la condición de Estado, es decir, a la creación de una entidad política poseedora de un control central e independiente dentro de un territorio determinado, el cual es parte de la Palestina histórica, y con la expectativa de extender su control y su autoridad sobre estas áreas así como sobre sus residentes.

Por primera vez desde 1948, los dirigentes palestinos, o al menos cierta parte de ellos, regresaban a Palestina y se instalaban entre su pueblo, algo que no siempre fue cómodo ni para el pueblo ni para los líderes. El hecho de haber vivido alejados y bajo distintas circunstancias había creado diferencias culturales y en la forma de entender el interés de la nación. Asimismo, estas diferencias se vieron frecuentemente exacerbadas por los saltos generacionales producidos entre ambos.

La propia ANP adoptó los usos y los protocolos propios de un Estado. La máxima autoridad de la OLP se convirtió en el «presidente», los responsables de las distintas carteras (en 2002 su número había crecido a 35) fueron designados ministros y los diversos departamentos pasaron a ser ministerios. La ANP adoptó una bandera y un himno nacional, y envió al extranjero representaciones diplomáticas. Igualmente, puso en funcionamiento una estación de radio y varias estaciones de televisión regionales que emitían principalmente declaraciones del gobierno y en ocasiones llegaron a retransmitir en directo las reuniones celebradas por el Consejo Legislativo, cuyas tareas propias eran principalmente simbólicas. El nuevo gobierno instituyó un sistema judicial que intentó, sin mucho éxito, ser considerado independiente de las autoridades administrativas. El 25 de enero de 1996, poco tiempo después de la firma de los Acuerdos de Oslo, se celebraron elecciones generales en los territorios de la ANP bajo supervisión extranjera. Para los palestinos, el recién elegido Consejo Legislativo formado por 88 escaños era a todos los efectos un Parlamento.

Fatah y los candidatos que la representaban recibieron una mayoría aplastante de los votos. Éstas han sido las únicas elecciones

---

contenido de la misma. Debido a los acontecimientos que se han sucedido, esto todavía no se ha hecho y, actualmente, el *status* legal de la carta es incierto. Dos días antes, el 12 de diciembre, ocho grupos de la oposición dentro de la OLP se reunieron en Damasco junto con Hamás y la Yihad Islámica, para reafirmar su oposición al proceso de Oslo y a las modificaciones de la Carta Nacional.

celebradas hasta la fecha. Uno de los objetivos prioritarios de la ANP descansaba en la cimentación de una conciencia nacional compartida por todos los residentes de su territorio y también, si fuera posible, por los palestinos en el exilio. La herramienta fundamental con la que contaba para construir esta perspectiva común era el establecimiento de un sistema educativo con sus propios programas de estudios y libros de texto, que definiría la nueva identidad palestina y superaría, supuestamente, la entidad sociopolítica ortopédica que representaba la ANP. Hasta aquel momento, el sistema educativo se había basado principalmente en el programa de estudios jordano y privilegiaba la preparación de los estudiantes para los exámenes de matriculación de aquel país (*tawyihi*). El resto del programa de estudios se desarrollaba, y era impartido, en el sistema de escuelas dependiente de las Agencias de Ayuda y Servicios de las Naciones Unidas. En la década de 1960, en Kuwait y en Líbano, ya se había empezado a formular un programa de estudios palestino independiente, cuyos objetivos incluían la enseñanza de la historia nacional y la creación de una conciencia nacional, si bien la ausencia total de autonomía hacía imposible llevar a cabo esta labor. La ANP trató de contratar a los mejores educadores e intelectuales locales para que desarrollaran el programa de estudios y redactaran los libros de texto, pero este proceso se ha revelado largo y costoso.

En la medida en que podrían servir de sustituto temporal, se han hechos esfuerzos por sumar a los medios de comunicación a la tarea de construir una identidad palestina. Aunque no faltan enemigos y adversarios que utilizar para la construcción de una imagen del «otro» opuesta a la del «nosotros», sigue siendo necesario evitar una caracterización de lo extranjero de un modo excesivamente burdo.

Así, desde muy pronto, los medios de comunicación tuvieron que hacer frente al dilema de transmitir propaganda positiva del proceso de paz (antes de que se desmoronara para ser reemplazado por la confrontación armada) e invitar a la reconciliación con Israel y la necesidad de presentar al sionismo, a Israel y a sus colaboradores como a un enemigo opresor. Este juego de equilibrios se complicó más con la interrupción del proceso de paz a raíz del asesinato de Rabin.

Antes de que éste se produjera, la disputa sobre el carácter que tomaría el futuro Estado y la sociedad palestinos se reabriría y se entrelazaba con la ácida batalla sobre el carácter de sus relaciones con Israel y con el judaísmo. La corriente predominante, que parecían ser los vencedores más probables, bregaban con un abanico de grupos de la oposición, principalmente de carácter islámico. El movimiento islámico Hamás estaba internamente dividido entre aquellos que estaban a favor, al menos durante las eufóricas etapas iniciales del proceso de paz, de la integración en el nuevo régimen popular de Arafat y aquellos otros que abogaban por el acatamiento de los objetivos tradicionales de la guerra santa (*yihad*) contra los judíos: la liberación de la Tierra Santa y, sólo entonces, el establecimiento de un Estado islámico teocrático.

Para no descuidar sus intereses particulares, el movimiento islámico admitía que hubiera argumentos tanto a favor como en contra de reanudar la *yihad*. La integración obligaría a Fatah a tomar en consideración a Hamás y a concederle un lugar propio en la *sulta* (régimen o gobierno). Esto significaba su reconocimiento, la oportuna representación en las instituciones nacionales, el respeto de los valores tradicionales de la sociedad palestina y, lo que era más relevante, una participación en los cargos de importancia y en las asignaciones presupuestarias. Para los que se oponían a los acuerdos, la reanudación de la guerra de guerrillas tenía como finalidad provocar la ruptura de los acuerdos con Israel y demostrar que la ANP no tenía el control de los territorios y no podía proporcionar a Israel lo que éste más necesitaba: su seguridad interna. Entre el 6 de abril de 1994 y el 21 de agosto de 1996, los movimientos de Hamás y de la Yihad Islámica lograron llevar a cabo una serie de acciones terroristas en las ciudades más importantes de Israel mediante atentados suicidas. Docenas de personas perdieron la vida y cientos de ellas fueron heridas en los centros de las principales ciudades de Israel. La actuación concertada de las fuerzas de seguridad israelíes y palestinas, que fue amarrada en los acuerdos entre ambas partes y que era, desde el punto de vista del gobierno israelí y de la opinión pública, una condición necesaria para la continuación del proceso, empezó a parecer vacía de sentido porque las autoridades palestinas carecían tanto de la capacidad como de la disposición para actuar contra sus hermanos. Daba la impresión de que el movimiento islámico hubiera ejercido un veto sobre el acuerdo que prometía una reconciliación entre los israelíes y los palestinos. Ambos líderes habían sido puestos en evidencia ante sus respectivos electores y ante ellos mismos.

En aquel periodo, la respuesta dada por los líderes y por la opinión pública israelíes fue relativamente moderada y comedida. Sólo dos años antes la idea de entregar territorios comprendidos en la Tierra de Israel a los palestinos, o de reconocer a la OLP y entablar conversaciones con Arafat (a quien la opinión pública israelí describía como a un demonio y como al mayor enemigo de Israel y de los judíos desde el régimen nazi en Alemania), era algo tan inconcebible desde la perspectiva judeoisraelí como lo era, desde la perspectiva palestina, la idea de renunciar a la Gran Palestina. Sin embargo, el súbito y sorprendente acuerdo, que por un lado fue conducido por el líder militar más admirado y patriota de aquel momento, Yitzhak Rabin, y por el otro por Yaser Arafat, el mismísimo símbolo de la lucha nacional palestina, fue recibido desde ambos lados con una mezcla de alivio, de esperanza, de cuestionamiento, de incertidumbre y de rechazo. En Israel la oposición carecía de una política alternativa y las hordas de ambos lados, que normalmente se habrían opuesto a esta «traición», no tomaron las calles todavía en señal de protesta (con la excepción de los grupos radicales religiosos sionistas de derechas y algunas sectas mesiánicas ortodoxas judías, particularmente Chabad).

Sin embargo, el enorme daño causado a los ciudadanos israelíes en los centros de las grandes ciudades trajo consigo un cambio en la opinión pública favorable que en un principio había aprobado la serie de acuerdos. Este daño confirmaba las proclamas de la oposición sobre que aquello no era la paz. Cada vez que se verificaba la reanudación de las actividades terroristas, Israel imponía el cierre de determinadas áreas, el cerco sobre regiones enteras y otros castigos colectivos aplicados en las zonas bajo control de la ANP así como también en las zonas que permanecían bajo control israelí. Israel postergó el cumplimiento de las fases sucesivas de los acuerdos (aquellas relativas a la transferencia del control de zonas adicionales a la ANP, la liberación de los palestinos prisioneros y en cautividad, la libertad de movimientos para los estudiantes que se desplazaban entre Cisjordania y la franja de Gaza, la transferencia de ingresos tributarios a la ANP y la libertad de circulación para los trabajadores palestinos empleados en Israel) y decidió interrumpir las sucesivas conversaciones. Estos y otros aplazamientos hicieron que aumentara el odio de los palestinos hacia Israel y empujaron a más grupos e individuos a unirse a la retomada lucha armada. Tras la escalada de los atentados terroristas en 2000,

Israel decidió emplear una fuerza militar cuyas funciones por el momento se limitaban a actuar contra todos los opositores y contra aquellos que parecieran ser responsables de la lucha guerrillera palestina y a eliminarles metódicamente.

El círculo vicioso alimentado por los bloqueos y el terrorismo empeoró la situación económica de los residentes en los territorios ocupados (en la franja de Gaza, según algunos informes, se estaban produciendo casos de muerte por inanición) y acrecentó el prestigio del movimiento de resistencia islámica, llevando a la proliferación de los nuevos héroes palestinos: los *shahadin* o mártires. El más famoso fue Yahya Ayyash, también conocido como *El Ingeniero,* el responsable más probable de la preparación y dirección de la mayor parte de los atentados suicidas que se produjeron en este periodo. Finalmente, su asesinato por los servicios de inteligencia israelíes se sumó al aura heroica que le rodeaba.

Al principio, la ANP no tenía un servicio de inteligencia lo bastante eficiente como para acabar con estas actividades que amenazaban su autoridad y su propia existencia. Arafat tampoco quería una confrontación violenta directa con estos grupos, sino que prefería dividirlos y controlarlos a través de su captación, sometiéndoles a su control mediante la concesión de puestos de poder y de otros favores. Es muy probable que también hubiera una apatía natural hacia el hecho de perseguir y arrestar a individuos y a grupos que fomentaban la lucha armada y que eran considerados héroes e incluso santos por al menos cierta parte del pueblo palestino. Además, algunos sectores de la milicia que la ANP había traído con ella del extranjero no siempre conseguían ganarse la confianza y el apoyo de la opinión pública. La población local percibía a estos palestinos, la mayoría de los cuales habían nacido fuera, como extranjeros. Cuando la ANP anunció su intención de recoger las armas de fuego, la munición y otros efectos bélicos en poder de la población local, el movimiento islámico se opuso firmemente. El 22 de noviembre de 1994, estalló un sangriento conflicto entre la milicia palestina y la población residente en Gaza que acarreó la muerte de 10 personas.

Una de las esperanzas de los palestinos era que el cambio del control israelí por el de la ANP conllevaría una mejora de su nivel de vida, el cual había disminuido desde la primera Intifada y la expulsión de los palestinos de Kuwait, que había cortado el flujo de dinero enviado por los trabajadores en este país a sus familiares en los territorios ocupados. Esta esperanza se había basado en la promesa de una afluencia de capital exterior y de préstamos para el desarrollo de la infraestructura económica y de las instituciones sociales. Todo el proceso de paz tuvo lugar bajo la dudosa suposición de que a ambos lados les interesaba económicamente conseguir que el proceso de paz saliese adelante y que si estos intereses económicos no existían, entonces, debían crearse. La imagen de Shimon Peres de un nuevo «Oriente Próximo» también estaba construida sobre esta suposición. No obstante, cuando se llega a conflictos interétnicos e interreligiosos tan profundos, aunque se encuentren intereses económicos comunes, nunca bastan para desmontar estas inclinaciones primarias, especialmente en un periodo tan breve de tiempo. También se debe hacer referencia al hecho de que los palestinos, al igual que muchos otros árabes, temían el desarrollo de una forma de colonización mercantil que viniera a sustituir el dominio militar israelí en la región por un control económico y tecnológico.

En 1998 la afluencia de ayuda había dado como resultado un progreso económico innegable, pero en septiembre de 2000 este progreso se vio bruscamente interrumpido por el estallido de la segunda Intifada y la subsiguiente profunda recesión que se ha instalado en la economía de la ANP. En 2000, se produjo una caída del 12 por 100 en la renta per cápita real y en 2001 tuvo lugar una nueva caída del 19 por 100. Al final de 2001 la renta per cápita era un 30 por 100 más baja que en 1994, momento en el que habían sido firmados los Acuerdos de Gaza y Jericó. El Banco Mundial estimaba que la mitad de la población bajo el control de la ANP estaba viviendo por debajo del umbral de pobreza. En septiembre de 2000 aproximadamente entre 75.000 y 80.000 palestinos habían perdido sus trabajos en Israel y en los asentamientos y otros 60.000 en los propios territorios de la ANP.

No cabe duda de que si bien, en un comienzo, la autonomía despertó las esperanzas en una mejora de la calidad de vida, estas esperanzas se vieron en gran medida frustradas salvo, quizá, para un delgado estrato de la sociedad palestina que se benefició de la transferencia de autoridad efectuada desde el dominio militar israelí a la ANP. En términos generales, se produjo lo contrario. El nivel de vida de la mayor parte de los palestinos, particularmente el de quienes vivían en la franja de Gaza, descendió y desde el comienzo de la intensificación de los bloqueos el nivel de vida ha registrado un descenso general del 25 por 100. Los rumores acerca de una corrupción rampante que a menudo estaban unidos a nombres de líderes de la ANP no estimularon el desarrollo desde abajo, sino que por el contrario reforzaron a la oposición, contribuyeron a la desmoralización de la población y sirvieron para aumentar el nivel de delincuencia.

Durante los veinte años previos de ocupación, la sociedad palestina se distinguió por la expansión de organizaciones y asociaciones no gubernamentales y voluntarias. Muchos de estos activistas y proveedores de servicios a menudo recibían salarios y otras compensaciones por el desempeño de su labor. A principios de la década de 1990, estas organizaciones daban empleo a una cifra entre las 20.000 y las 30.000 personas. De este modo, ante la ausencia de un Estado, los palestinos habían diseñado los mecanismos alternativos que tenían algunos de los rasgos de una sociedad civil, si bien los fondos para estas asociaciones e instituciones provenían en gran medida de fuentes extranjeras. Durante la primera Intifada, estas organizaciones jugaron un papel cada vez mayor y, a mediados de la década de 1990, proporcionaban casi la mitad del total de los servicios médicos que se prestaban, cerca de un tercio de los servicios educativos así como orientación y apoyo a antiguos prisioneros y a las personas necesitadas y prácticamente eran los responsables de todos los servicios de ayuda y rehabilitación para los discapacitados.

Con el establecimiento de la ANP, como no podía ser de otro modo, ésta asumiría, si no todas, sí gran parte de las funciones que estas asociaciones habían desempeñado previamente. De hecho, dentro de la estructura de la ANP, se establecieron diferentes ministerios que tenían precisamente este cometido. Aun así, era difícil organizar servicios civiles institucionalizados que operaran conforme a los mínimos exigibles y normalmente estos ministerios se acabaron identificando con las personas que los dirigían, quienes a su vez eran personas cercanas y leales al presidente. La ANP comenzó incluso a afirmar su propia autoridad por encima de las organizaciones voluntarias de una manera excesiva, ya fuera para demostrar su propia autoridad o poder o porque tuviera miedo de que a la larga se establecieran aparatos paralelos o subversivos. En cualquier caso, se hizo patente que, al menos en sus primeras etapas, los servicios que proporcionaba el Estado naciente eran menores y tenían peor calidad que los prestados por las organizaciones de voluntarios. Ni siquiera resolvió el dilema acerca de si las antiguas asociaciones debían ser integradas en el Estado o confrontadas y eliminadas.

15

DEL PREACUERDO AL PUNTO MUERTO

El 4 de noviembre de 1995 el primer ministro israelí, Yitzhak Rabin, fue asesinado por un joven nacionalista religioso que aspiraba a detener la transferencia del control de territorios a la ANP. Fue la culminación de varios meses de provocación y manifestaciones violentas sin precedentes en contra de los Acuerdos de Oslo en general y de Rabin en particular, a quien se culpaba de traicionar la idea de la Gran Tierra de Israel. Entre las tácticas de protesta utilizadas se encontraba la distribución de un póster donde aparecía Rabin vestido con el uniforme de las SS. Las figuras de la oposición, como Sharon y la nueva estrella política, Benjamin Netanyahu, jugaron un papel fundamental en estas provocaciones utilizando una retórica desenfrenada basada en la sangre, la patria y la traición[4]. La fusión de los intereses compartidos por los movimientos islámicos y por sus contrapartes israelíes seculares de derechas y fundamentalistas mesiánicos era mucho más fuerte que la de aquellos que apoyaban los problemáticos Acuerdos de Oslo.

Como ya ha sido mencionado en páginas anteriores, el gobierno de Rabin era un gobierno de minoría. Tras el asesinato de éste,

---

[4] El 5 octubre de 1995, Sharon, Netanyahu y Rafael Eitan participaron en un mitin en Jerusalén donde enardecieron de tal manera a los asistentes que se llegó a pedir las muertes de los «criminales de Oslo» Rabin y Peres. Este incidente se ha convertido en parte de la memoria colectiva israelí.

su compañero Shimon Peres no fue capaz de ganar las elecciones de 1996. Una de las razones de su derrota electoral fue la reacción en cadena que siguió al asesinato de Yahya Ayyash el 6 de enero de 1996. Peres, que en aquel momento desempeñaba las funciones de primer ministro, autorizó el «asesinato selectivo» de Ayyash, un experto en explosivos y en la elaboración de bombas de Hamás a quien muchos habitantes de la franja de Gaza consideraban un héroe, con el fin de crear una imagen más implacable de sí mismo antes de las elecciones[5]. Durante los meses anteriores al asesinato, Hamás se había mantenido inactivo y no había llevado a cabo ninguna operación significativa. Esta tregua se mantuvo después del asesinato de Rabin. Tras el tradicional periodo de 40 días de luto musulmán, Hamás se tomó la revancha con una sucesión de sangrientos atentados con bomba en el interior de Israel. La reacción de la opinión pública israelí no se hizo esperar. Tanto la gran ventaja del Partido Laborista en los sondeos de opinión como el apoyo al proceso de reconciliación se esfumaron por completo, mientras que el Likud y sus sectores de derecha con una línea más dura ganaron un amplio apoyo.

Peres y el Partido Laborista perdieron el apoyo de los árabes israelíes. Muchos de éstos (y algunos judíos) decidieron, como votantes conscientes, abstenerse de votar en protesta por la Operación Uvas de la Ira, una serie de ataques aéreos sobre el sur de Líbano realizados para responder al bombardeo realizado por Hezbolá. Estos ataques provocaron que cerca de 200.000 personas tuvieran que huir de sus casas y el bombardeo por equivocación de Kafr Qana causó la muerte a 100 ciudadanos libaneses.

En aquel momento, los colonos y los derechistas recobraron su vitalidad política e invirtieron todos sus esfuerzos en la elección de Benjamin Netanyahu como primer ministro. Sin embargo, contradiciendo las expectativas de muchos de sus partidarios, Netanyahu no descartó los «acuerdos internacionales» (es decir, Oslo), e incluso continuó las conversaciones con los palestinos bajo el patrocinio estadounidense. Negoció acuerdos intermedios adicionales, algunos de los cuales fueron ejecutados, como la devolución de Hebrón (con

---

[5] De hecho, contrariamente a lo que fue la práctica habitual en casos anteriores, el gobierno israelí admitió su responsabilidad por el asesinato y los medios de comunicación de este país se regocijaron en la eficiente eliminación.

la excepción del enclave judío) y el Memorando del Río Wye (23 de octubre de 1998). En el marco del acuerdo de Wye, se transfirió el control sobre áreas palestinas adicionales a la ANP, lo que supuso reunir bajo su control a toda la población urbana palestina y a la mayor parte de la población de los campos de refugiados. Algunas partes de este acuerdo sólo fueron llevadas a cabo más adelante, durante el breve periodo de mandato de Barak. No obstante, el acuerdo de Wye hizo que la derecha radical abandonara el Likud y fundara el Partido de Unión Nacional, el cual finalmente provocó la caída de Netanyahu.

Ya en los primeros momentos del gobierno de Netanyahu, podía sentirse un cambio en el clima y en las relaciones entre Israel y los palestinos. La confianza mutua había empezado a agrietarse. Además de la evidente hostilidad del nuevo gobierno hacia los palestinos, la apertura de los túneles del Muro Occidental debilitó aún más los frágiles acuerdos. Estos túneles que se extendían por debajo del *Haram al-Sharif* (El Monte del Templo judío) y que se abrieron el 25 de septiembre de 1996 fueron percibidos por los musulmanes como una amenaza al *status* de los lugares sagrados. Su apertura incitó a la celebración de manifestaciones y al estallido de disturbios en los cuales cerca de cuarenta palestinos perdieron la vida y cien fueron heridos. Las tensiones también se acentuaron cuando los planes de construcción se extendieron a zonas comprendidas en el Jerusalén árabe y a los asentamientos. La retórica nacionalista radical y el desprecio hacia los palestinos también sirvieron para aumentar los sentimientos de enajenación y para debilitar en mayor medida tanto la vigilancia de los agentes islámicos (Hamás y la Yihad Islámica) como el control ejercido sobre ellos, los cuales reanudaron las actividades terroristas en las ciudades israelíes. La progresiva carencia de personal de seguridad entre la población judía también contribuyó a la caída de Netanyahu, y posteriormente a la de Barak, si bien la actitud personal de ambos políticos y su incapacidad para mantener relaciones personales conforme a las reglas de sociedad también contribuyeron a ello.

El 17 de mayo de 1999, Ehud Barak fue elegido primer ministro blandiendo el programa electoral del Partido Laborista bajo un lema que prometía la «continuación del legado de Rabin». Su elección hizo aflorar las esperanzas de una restauración de la confianza entre Israel, por un lado, y los palestinos en particular y el mundo árabe en general, por otro. Así pues, al menos durante el comienzo de su periodo de mandato, Barak parecía estar trabajando bajo la sombra traumática del asesinato de Rabin. Trató de reanudar el proceso diplomático mediante un gobierno de coalición compuesto por una «mayoría judía estable», es decir, sin el apoyo de los votantes árabes israelíes, el 95 por 100 de los cuales le había entregado su voto y a quienes debía una gran parte de su éxito en las primeras elecciones directas a primer ministro que se celebraban en Israel. En lugar de este apoyo, el gobierno cooperó desde el principio con los partidos religiosos y de tendencias derechistas (como el Partido Nacional Religioso, el Shas y el Partido de los Inmigrantes Rusos) y provocó la retirada de las filas de la coalición de uno de los partidos sionistas que más esfuerzos había dedicado al proceso de reconciliación, Meretz, simplemente por el hecho de evitar una semejanza siquiera remota con la coalición de Rabin.

Volviendo la vista atrás, se constata que eran muchos, entre ellos, por ejemplo, Yossi Beilin, quienes sospechaban que Barak había calculado sus movimientos para poder hacer que sus propuestas aparecieran como sustanciosas concesiones por parte de Israel, aunque sabía que serían completamente inaceptables para los palestinos. Así, él podría desenmascarar, aparentemente, la verdadera cara de los palestinos y declarar que «Israel no tiene un compañero de verdad en la paz». Parece que lo más probable es que Barak realmente pensara que Israel era lo suficientemente fuerte como para coaccionar a los palestinos a aceptar un acuerdo basado en sus propias condiciones[6]. Ésta es la razón por la que dedicó su primer año de mandato a intentar alcanzar un acuerdo con Siria que sirviera para aislar a los palestinos. Según sus propias palabras: «Alcanzar la paz con Siria limitaría enormemente la capacidad de los palestinos para extender el conflicto». Pero el xenófobo Hafez al Asad no estaba de humor como para hacer las paces con los israelíes –ni siquiera a cambio de todo el territorio ocupado en 1967 y reocupado en 1973–, porque al hacerlo se vería

---

[6] Otra razón por la que la afirmación de Beilin carece de sentido reside en que incluso un político inexperto como Barak no sacrificaría su carrera política sólo para demostrar que los palestinos no iban a ser capaces de aceptar la oferta más generosa (desde el punto de vista israelí) que jamás se les había hecho o la que tenía el mayor alcance posible.

obligado a abrir sus fronteras a forasteros y a la llegada de nuevas y peligrosas ideas.

En realidad, la proposición de Barak era distinta a la de Rabin[7]: se negó a continuar con la implementación del acuerdo por etapas que finalmente llevaría a un repliegue completo a las fronteras de 1967 según la interpretación aceptada de la resolución 242 del Consejo de Seguridad de la ONU de 22 de noviembre de 1967. En su lugar, pensó que con una coalición en el gobierno formada por varios partidos del centro y de la derecha podría negociar un acuerdo final con los palestinos que comprendiera el establecimiento de un Estado palestino desmilitarizado y la aceptación por su parte de «un final del conflicto» sin la necesidad de una vuelta a las fronteras de 1967. Al mismo tiempo, esperaba reducir el problema de los refugiados a una cuestión que pudiera ser abordada simplemente asumiendo la responsabilidad moral derivada de su creación, mantener el Monte del Templo bajo control exclusivo israelí y evitar la evacuación de los grandes bloques de asentamientos judíos cercanos a la Línea Verde. Barak pensaba que para obtener la aprobación del acuerdo al que estaba seguro que llegaría con la dirección palestina, podría dar esquinazo a su propio gobierno e incluso a la Knesset, apelando directamente al pueblo mediante un referéndum, un hecho sin precedentes en la cultura política israelí.

Sin embargo, su éxito inicial (y que tan sólo después se hizo patente) fue la retirada de las fuerzas armadas israelíes del sur de Líbano, donde Hezbolá había librado una cruenta guerra de guerrillas. Este grupo había sido creado como respuesta a la invasión israelí en 1982, para combatir a las fuerzas militares de ocupación israelíes.

Parecía que Barak no tenía la más remota idea de qué tipo de acuerdo definitivo sería aceptable para los palestinos y probablemente tampoco del tipo de acuerdo que él quería, salvo que el mismo supondría obtener el máximo de concesiones de los pales-

---

[7] Como jefe del Estado Mayor durante el mandato como primer ministro de Rabin, Barak se opuso a los acuerdos de Oslo, un hecho que no explicó ni tampoco mencionó durante su campaña electoral y que fue ignorado por los medios de comunicación que le apoyaron, casi totalmente, frente a Netanyahu. La opinión pública israelí parece ignorar casi la mayor parte de los acontecimientos del pasado reciente y la responsabilidad prácticamente no existe en la cultura política israelí, un hecho que se ejemplifica con la elección y reelección de Ariel Sharon.

tinos y pagar el mínimo precio político y territorial. También carecía tanto de la experiencia política elemental como de un equipo político cualificado y desempeñó las funciones de primer ministro como si se tratara de un general del Estado Mayor del ejército. Por otra parte, lo único que no estaba claro después de que la euforia inicial sobre los acuerdos de Oslo se hubiera esfumado era que los líderes y la opinión pública palestinos o israelíes estuvieran políticamente preparados para hacer las concesiones necesarias para «terminar con el conflicto».

16

LA DEBACLE DE CAMP DAVID[8]

Entre los días 11 y 25 de julio de 2000, el presidente de Estados Unidos, Bill Clinton, en cooperación con Ehud Barak, convocó una cumbre de paz entre Israel y Palestina en Camp David, un lugar cargado de simbolismo, ya que era el sitio donde se negoció el acuerdo de paz entre Israel y Egipto en 1979. La cumbre fracasó, acarreando trágicas consecuencias para ambos lados. Los estadounidenses y los israelíes culparon en general a los palestinos y personalmente a Yaser Arafat de la debacle, mientras que los palestinos responsabilizaron a los equipos de Estados Unidos e Israel, aunque retrospectivamente ambas partes asumieron parte de la responsabilidad por una mala conducción táctica de las negociaciones. Culpar a unos o a otros se ha convertido en parte del conflicto y no es el objeto del presente capítulo. Sin embargo, esta cuestión es importante para entender las causas y las dinámicas que llevaron al fracaso y a la quiebra del bando de la paz israelí y el inesperado regreso político de Ariel Sharon.

---

[8] Cuando me refiero a las conversaciones de Camp David también incluyo toda la serie de negociaciones entre israelíes y palestinos que tuvieron lugar durante este periodo, incluyendo las mantenidas en mayo de 2000 (en Estocolmo), en julio de 2000 (en Camp David) y en febrero de 2001, principalmente en Estados Unidos y Egipto (en Taba).

Desde el principio, Yaser Arafat tenía sus reservas hacia la cumbre. No confiaba en Barak y tampoco le faltaban razones. Barak incumplía la implementación de las etapas sucesivas de los acuerdos provisionales (incluso aquellas que Netanyahu había acordado que se llevaran a cabo); se negaba a congelar la construcción de asentamientos y durante su corto mandato, su número se incrementó en más de un 10 por 100; no liberaba a los prisioneros ni a los detenidos en los campos; y como ya ha sido mencionado, trató de acercarse a Siria en un intento de aislar a los palestinos. Además, Arafat no creía que un presidente estadounidense pudiera servir de casamentero honesto e imparcial entre israelíes y palestinos. Igualmente estaba convencido de que una cumbre productiva debe prepararse mejor y que la convocada por la pareja Barak y Clinton era prematura a la luz de las propuestas extraoficiales realizadas por Israel durante el encuentro de mayo de 2000 en Estocolmo. La impresión inicial que tuvo Arafat puede haber sido o no la de una profecía de autorrealización, pero en cualquiera de los casos el tono condescendiente de Clinton y la conocida arrogancia de Barak no creaban la atmósfera distendida conducente a unas negociaciones fértiles y creativas entre partes iguales. Las insinuaciones de Barak poco antes de finalizar las conversaciones y las propuestas puente de Clinton no distaban mucho de ser aceptables para el equipo palestino y podrían haber sido utilizadas como base para posteriores negociaciones, pero parece que fueron rechazadas por Arafat probablemente a causa de las erradas dinámicas que se desplegaron antes y durante las conversaciones[9]. Shlomo Ben Ami, el principal negociador de Barak, describía del siguiente modo el punto de partida de Barak:

---

[9] Para una comparación del mapa propuesto por Israel en Camp David con las propuestas suscritas durante las conversaciones de Taba, véase el sitio en Internet de *Le Monde Diplomatique*: http://www.monde-diplomatique.fr/cartes/taba2001. Resulta interesante señalar que hay una semejanza sorprendente ente las distintas descripciones de las dinámicas internas de las conversaciones, incluso entre quienes discrepan acerca de quién es, en último término, el responsable de su fracaso. Me estoy refiriendo, entre otros, a Robert Malley, secretario especial para los Asuntos Árabes de Clinton entre 1998 y 2001 y quien tiende a atribuir la mayor parte de la responsabilidad del fracaso al equipo israelí y al estadounidense; a Dennis Ross, enviado especial de Clinton en Oriente Próximo y que apoya claramente la versión del tándem formado por Clinton y Barak; a Shlomo Ben Ami, uno de los responsables de los negociadores israelíes; y al propio Ehud Barak.

Barak me mostró un mapa que incluía el valle del Rift del Jordán y era una especie de Plan Allon muy reforzado. Se enorgullecía del hecho de que su mapa dejaría a Israel con prácticamente un tercio del territorio. Si no recuerdo mal, ofrecía a los palestinos únicamente el 66 por 100 de la tierra. Ehud [Barak] estaba convencido de que el mapa era extremadamente lógico. Tenía un tipo de enfoque condescendiente, ilusionado e inocente, cuando me decía entusiasmado: «Mira, esto es un Estado [palestino]: a todos los efectos parece un Estado».

El funesto fracaso fue consecuencia de una combinación de diversos factores, además de los ya mencionados. Ante todo, ni siquiera los participantes en las negociaciones poseían una visión clara y bien definida de sus propios objetivos. El objetivo inmediato de los palestinos, conscientes de su propia debilidad, era minimizar sus daños, lo que les conducía a una pasividad calculada que les hacía, por un lado, dejar de hacer propuestas propias y, por otro, rechazar cualquier propuesta hecha por los israelíes o por los estadounidenses, de quienes se sospechaba, sin duda acertadamente, que estaban coordinando sus ofertas con Israel. Durante las primeras fases, es posible que esto fuera una táctica sumamente razonable porque obligaba a los israelíes a mejorar sus propuestas subsiguientes, pero cuando el rechazo se volvió sistemático, incluso cuando los israelíes hicieron propuestas más realistas, se convirtió en un desastre. Sin embargo, al menos en una ocasión, Arafat abandonó su pasividad calculada e hizo una propuesta informal a Clinton. En palabras de Ben Ami:

> Ayer [7 de julio], Arafat hizo una propuesta a Clinton con relación al escenario de la noche anterior[10]. «Él [Arafat] está dispuesto a conceder entre un 8 y un 10 por 100 del territorio. Le dijo a Clinton: "Dejo la cuestión del canje [territorial] en tus manos, tú decides". Está dispuesto a llegar a acuerdos en materia de seguridad cuando sean decididos. Pone el acento en una fuerza internacional. También encontraremos una solución sobre la cuestión de los refugiados. Ahora, todo descansa o recae sobre Jerusalén. Allí Arafat quiere una solución con la que pueda vivir.» Pero poco tiempo después Arafat se retractó [de su oferta] e hizo llegar una nota a Clinton para comunicárselo.

---

[10] En cierto momento, Ben Ami –durante una partida simulada con algunos miembros del equipo palestino– equivocadamente concluyó que había habido un avance en las negociaciones sobre la cuestión del *status* de la llamada Cuenca Sagrada que incluía los sepulcros sagrados de las tres religiones en Jerusalén.

Ante la obstinación palestina, Barak reaccionó adoptando una táctica más adecuada a las negociaciones que se sostienen en un bazar. Comenzó haciendo la oferta más cara a los palestinos (cercana al Plan Allon) pero insinuando que se trataba sólo de una posición de partida. Los copartícipes de esta negociación, incluyendo posiblemente al propio Barak, no sabían cuál era el tope en este proceso regateador. Además, debido a que necesitaba no perder de vista la opinión de sus votantes, cada propuesta de Barak era una «no propuesta» o un «no proyecto» (un globo sonda de acuerdo con la terminología diplomática), de tal manera que pudiera preservar su posición en su gabinete halcón y religioso. Por otra parte, hasta las últimas fases de la negociación, diciembre y enero, su equipo nunca avanzó un paquete completo de las capitulaciones propuestas acerca de todas las cuestiones importantes que estaban sin resolver. Cada cuestión –como el intercambio de territorios, las fronteras, los bloques de asentamientos, los refugiados, el espacio aéreo, los derechos sobre las aguas, etc.– era tratada separadamente por diferentes negociadores, una táctica que no contempla la posibilidad de hacer intercambios o de *quid pro quo*. Además, cada parte estaba hablando y pensando desde sus propios códigos y narrativas míticas y metahistóricas. Un inmejorable ejemplo se encuentra en la acalorada disputa que tuvo lugar acerca de si las ruinas del bíblico templo del rey Salomón yacían o no bajo el Segundo Templo. Arafat sostenía que no había nada debajo del *Haram al-Sharif* y que si existía un primer templo, era en Nablús. Este argumento metahistórico ofendió profundamente a los negociadores seculares judíos, que inmediatamente concluyeron que Arafat negaba los vínculos históricos que unen al pueblo judío a Jerusalén y a todo el territorio. Bill Clinton, cristiano protestante, también se sintió herido, y le dijo a Arafat que «no sólo los judíos, sino que yo también creo que los restos del templo del rey Salomón descansan bajo su superficie. Así me lo dijo mi pastor el pasado domingo en la iglesia». Al llegar a este punto, uno de los asistentes judíos de Clinton llamó la atención al presidente y le dijo que debería decirle a Arafat que ésta era su opinión personal, no una posición oficial de Estados Unidos. Así pues, la soberanía sobre la llamada Cuenca Sagrada (el área exterior al muro de la ciudad vieja que comprende la Ciudad de David y las Tumbas de los Profetas en el camino al Monte de los Olivos) se convirtió en una cuestión de máxima importancia para ambos lados, que parecía menos negociable que el derecho al retorno de los refugiados o la evacuación de los asentamientos.

La gota que colmó el vaso del proceso de paz, y que está intensamente ligada a la dimensión mitológica del conflicto, fue la visita espectacular y sumamente publicitada de Ariel Sharon al Monte del Templo, que naturalmente está cerca de Al Aqsa, el tercer templo sagrado del islam. La visita desencadenó un nuevo arranque de protesta popular y una violenta respuesta por parte de Israel. En poco tiempo, el conflicto alcanzó las dimensiones de una guerra intercomunitaria. Las restantes negociaciones se mantuvieron a la sombra de este nuevo ciclo de violencia, al que pronto se le dio el emocional y religiosamente cargado nombre de Intifada de Al Aqsa. Los israelíes estaban seguros de que la violencia había sido preparada de antemano para arrancarles más concesiones y los líderes palestinos la percibían como una advertencia popular frente a cualquier acuerdo que oliera a rendición.

En estas circunstancias, las conversaciones palestino-israelíes no tenían probabilidades de concluir en un acuerdo, especialmente si se tiene en cuenta que los Acuerdos de Oslo fueron elaborados siguiendo la doctrina de Kissinger de la «ambigüedad constructiva», un concepto esencialmente impracticable en este tipo de conflicto. La idea que subyace a la ambigüedad constructiva es lograr que las partes negociadoras alcancen un acuerdo sobre algunos principios muy generales y dejar a cada parte interpretarlas de acuerdo con sus propias elucubraciones. Puede que haya sido una brillante idea para alcanzar acuerdos entre Estados Unidos y China o Vietnam, naciones separadas por miles de kilómetros, pero no lo es para dos poblaciones étnicamente diversas que viven una proximidad tan estrecha como la que se da en este caso. En estas circunstancias, cualquier pequeña fricción o incidente puede hacer brotar una inmensa tensión y tiene el potencial de convertirse en una conflagración incontrolable.

Por consiguiente, la visión de los Acuerdos de Oslo por parte de los palestinos –el umbral mínimo para alcanzar el acuerdo sobre el *status* definitivo– fue que la entrega del 78 por 100 del territorio original de la Palestina histórica y el reconocimiento del derecho a la existencia del Estado judío eran unas concesiones dolorosas y de gran alcance que no estaban siendo debidamente compensadas. Una parte significativa de la población palestina consideró la firma de los Acuerdos por Arafat como una traición nacional. De hecho, la dirección de Fatah, caracterizada por su pragmatismo, había concebido un acuerdo idéntico a la fórmula a la que llegaron Israel y Egipto: la paz y el reconocimiento a cambio de *todo* el territorio conquistado durante la guerra de 1967. Los palestinos interpretaron la elección como primer ministro de Netanyahu en 1996 como una señal de que la mayoría de los judíos israelíes rechazaban los principios y el espíritu de Oslo, sin tener en cuenta el hecho de que el rechazo de la opinión pública a los acuerdos y la demora en la implementación de sus diferentes cláusulas estaban causados en cierta medida por la violencia generada por la oposición palestina (principalmente islámica) a los mismos.

La elección de Barak despertó renovadas esperanzas, pero poco a poco éstas se fueron evaporando. A pesar de que la ANP controlaba la mayor parte de las ciudades, los campos de refugiados y los pueblos palestinos, las carreteras que los comunicaban estaban en su mayor parte bajo control israelí. Los puestos de avanzada israelíes, los controles en las carreteras, los colonos armados y los cierres todavía restringían la libertad del pueblo palestino y le causaban humillaciones diarias seis años después de Oslo. El movimiento islámico les brindaba una visión del mundo alternativa, autoestima y esperanza. La Intifada de Al Aqsa fue, y todavía es, una revuelta no sólo contra la opresión y la ocupación sino también contra sus propios líderes y su propio régimen (*sulta*), al que se considera demasiado sumiso a Israel y corrupto en la gestión interna. Además –y esto es algo que también se puede decir respecto al otro lado de la barricada–, la mezcla de nacionalismo fanático y de fundamentalismo religioso posee un gran poder de atracción, especialmente en tiempos de crisis.

La primera Intifada fue un genuino levantamiento civil y popular; la segunda rápidamente se transformó en una revuelta armada. A diferencia de la anterior Intifada, ya no había una presencia militar israelí en los campos y en las ciudades palestinas; por consiguiente, la violencia se dirigió contra los colonos que transitaban por las carreteras o contra la población civil dentro de Israel. Al poco tiempo, se unieron los miembros de las milicias palestinas, ya fuera de manera individual o por grupos, utilizando armas de fuego contra los israelíes y aumentado considerablemente el grado de violencia, que a principios de 2002 se convirtió en un estado de guerra interétnica entre los israelíes y la ANP.

Los israelíes intentaron activar las Fuerzas de Seguridad Preventiva palestinas y los comités de seguridad normales –la mayoría de las veces sin conseguirlo– contra los atacantes y también tomaron represalias sin cooperar con los líderes palestinos.

El arma más aterradora utilizada por las llamadas alas militares de los dos movimientos islámicos, Hamás y la Yihad Islámica, fue los atentados suicidas. El atentado suicida con bombas fue introducido originalmente por el movimiento de resistencia islámica, que copió la táctica de los islamistas indonesios contrarios al dominio británico. Posteriormente, y a raíz de su éxito, lo adoptaron otros grupos, entre ellos algunas unidades de Fatah.

En un principio, el atentado suicida fue una respuesta ante la enorme asimetría de poder entre los militares israelíes y los combatientes palestinos. Teniendo en cuenta que se trata de misiles humanos dirigidos con toda precisión, los atentados suicidas han causado un número exagerado de víctimas entre los israelíes, principalmente civiles, han paralizado la vida cotidiana casi completamente y han dañado gravemente la moral de este país. Entre los palestinos, es un gran honor suicidarse en un atentado o tener un familiar que lo haya hecho, en la medida en que se convierten en los mártires supremos de su causa patriótica. Para responder ideológica y moralmente a los islamistas, y particularmente al fenómeno de los atentados suicidas, Arafat y todos los líderes de la ANP se enfrentaron a una disyuntiva de primera magnitud tanto antes como durante las conversaciones. Un enfrentamiento abierto con los islamistas significaba una guerra civil, pero la continuación de su *yihad* brindaba a los israelíes una baza importante para rechazar el cumplimiento de los acuerdos. Estos atentados proporcionaron a Sharon, ya elegido primer ministro, un potente argumento para empujar a Estados Unidos a que incluya a Arafat y a toda la ANP en su lucha contra el «terrorismo mundial» tras el 11 de Septiembre. Por consiguiente, Arafat intentó o bien cooptar a los islamistas o bien alcanzar acuerdos con ellos para suspender estos atentados terroristas que estaban dañando irreparablemente al movimiento nacional. Sin embargo, al final no pudo conseguirlo porque su incapacidad para manejar a los israelíes según los deseos de los palestinos había minado su prestigio y su autoridad. Por si fuera poco, sus propios hombres (especialmente las llamadas Brigadas Al Aqsa), compitiendo con los grupos rivales, comenzaron a cometer ataques terroristas, entre los que figuraban los atentados suicidas. Así pues, Arafat se encontraba atrapado: no podía acabar con el terrorismo porque era débil e indeciso, pero los ataques continuados le debilitaban todavía más porque entorpecían su capacidad para protagonizar auténticas negociaciones en Camp David y en Taba.

Finalmente, los israelíes encontraron una forma no sólo de manejar los atentados suicidas, sino también de aprovecharse de ellos, como se demostrará en páginas posteriores. El horror causado por los atentados suicidas fue utilizado para conseguir legitimar en el ámbito doméstico e internacional el empleo desenfrenado de la fuerza militar por los israelíes, el desmantelamiento gradual de la ANP y la anulación de los Acuerdos de Oslo.

Los atentados suicidas en particular y la escalada progresiva de violencia, en general, no fueron en absoluto la razón del fracaso de las negociaciones en Camp David y en Taba, pero aumentaron considerablemente las dificultades encaradas por ambas partes[11]. La consecuencia inmediata de la debacle de Camp David y de la escalada del terrorismo palestino fue el desvanecimiento de lo poco que todavía quedaba de apoyo popular árabe y judío a la reconciliación y a la transigencia con el otro bando. Esta ola de decepción y de cólera abrió el camino para el regreso de Ariel Sharon y para la percepción de su victoria como un mandato para cumplir con la «misión patriótica» de anular los acuerdos con los palestinos, de destruir gradualmente la ANP, de cometer un politicidio contra los palestinos y de retomar el control sobre la Tierra de Israel en su totalidad. Actualmente, esta victoria sin precedentes del autoproclamado bando nacional en Israel ha intensificado la situación de caos en la región.

---

[11] En realidad, los atentados suicidas precedieron a las conversaciones y comenzaron casi inmediatamente después de que se hiciera pública la Declaración de Principios. Desde entonces, de acuerdo con las cifras proporcionadas por el servicio de seguridad israelí y difundidas en los medios de comunicación a finales de 2002, en la última década han sido enviados a estas desesperadas misiones 206 terroristas suicidas. Algunas de las explosiones han sido evitadas. Durante los primeros dos años de la Intifada de Al Aqsa, los palestinos enviaron 145 terroristas suicidas; 40 de ellos fueron reconocidos como miembros de Fatah, 53 eran hombres de Hamás y 35 pertenecían a la Yihad Islámica; al resto no se le pudo relacionar con ningún grupo concreto.

Tercera parte

El regreso

17

La diversificación de la sociedad israelí

La hegemonía de la filosofía política de Ariel Sharon –o la realidad y la cultura sociopolíticas que le permitieron ser reelegido en enero de 2003 sin ninguna oposición, fiscalización o mecanismo de compensación– no es un accidente. La ideología de Sharon se introdujo en el vacío de poder dejado atrás por la elite política establecida askenazí. Esta elite nunca fue homogénea y en muchos aspectos el núcleo de su doctrina era contradictorio. Sin embargo, fueron precisamente estas contradicciones las que contribuyeron al éxito casi sin precedentes de la empresa sionista y es útil comprenderlas para examinar la versión original de la identidad nacional de Israel.

Esta identidad colectiva aglutina dos orientaciones básicas que se complementan y chocan entre sí y que prácticamente, de hecho, se excluyen entre ellas: la primera es una identidad primigenia o tribal, una mezcla de orientaciones religiosas y nacionalistas; la otra es una identidad civil basada en los conceptos de derechos civiles y de ser humano universal. El peso y la proyección relativas de estas identidades, que determinan las reglas ordenadoras de la actuación del Estado israelí, siempre fueron el punto de mira de una lucha incesante entre los diversos segmentos del Estado y de la sociedad.

La participación en la unidad política primordial depende de la identidad étnica y religiosa. La frontera que delimita la sociedad legítima engloba a todos los judíos (incluyendo a aquellos en la Diáspora), pero excluye a todos los no judíos de ser miembros iguales del Estado. El cuerpo legislativo ideal está basado en el código tradicional judío, la *Halacha* y, al menos como deseo utópico, la meta está en transformar la forma de gobierno actual en un sistema gobernado por la ley judía. La concepción del mundo se afinca en un orden binario definido por un «nosotros» *versus* «ellos», donde los últimos conforman una entidad homogénea y hostil. El orden cósmico se halla esencialmente caracterizado por una lucha ineludible y eterna por la supervivencia. No hay diferencias sustanciales entre todos los enemigos históricos del pueblo judío, como son los asirios, los romanos, los cristianos, los nazis y los árabes. Todos ellos están inscritos en la memoria colectiva por haber albergado intenciones genocidas. Si bien la guerra debería postergarse, no obstante, es inevitable. Desde esta perspectiva, la supervivencia judía también está amenazada por un impulso inherente hacia la autodestrucción que lleva a los judíos a abandonar su cultura y a abrazar culturas hedonistas no judías como el helenismo, el cristianismo, la Ilustración y la modernidad, lo cual en consecuencia lleva al pueblo judío a la decadencia moral y a la erosión de su cultura. En consecuencia, la batalla por la supervivencia implica blandir la espada no sólo contra los enemigos exteriores, sino también contra los traidores internos. Cualquier crítica hacia los judíos, al Estado judío o a su política es considerada antisemita y, por lo tanto, los traidores judíos tienen que ser enérgicamente denunciados. Los estratos más primordiales de la sociedad, especialmente aquellos grupos marginales localizados en el extremo del espectro, prefieren sin ambages la judeidad a la democracia como el principio rector de la política. Los grupos más sofisticados de la elite hablan de la «democracia judía» entendiendo por ello un sistema en el que sólo los judíos son titulares de derechos civiles colectivos o nacionales, mientras que las minorías no judías disfrutan, en el mejor de los casos, de derechos individuales, en caso de que sea necesario.

Sin embargo, un Estado pura y exclusivamente judío, con independencia de lo que esto signifique, es considerado sumamente preferible. La democracia no es un valor explícitamente judío y, si se acoge, es por razón de relaciones públicas internas o externas, dado que a lo que en realidad se hace referencia es a una democracia *Herrenvolk*[1].

El segundo elemento de la identidad colectiva israelí, el civil, es básicamente una contraimagen del primero. Dentro de las fronteras sociopolíticas del Estado, la pertenencia se basa en la noción de ciudadanía. En este contexto, los deberes universales (como el pago de impuestos, el cumplimiento del servicio militar y la obediencia a la ley) están en una relación de equilibrio con los derechos universales (el bienestar, los servicios, la seguridad social, la justicia, la ley y el orden, los derechos y las libertades civiles). Las leyes se adoptan conforme a los principios seculares universales mediante un Parlamento elegido democráticamente y que sigue el modelo de la Ilustración occidental configurado por la Revolución Francesa y por la Americana. La sociedad se concibe como una entidad plural que se encuentra legítimamente dividida en subculturas facultadas para participar dentro de la esfera pública común, en ocasiones llamada sociedad civil. La existencia de conflictos declarados y velados es parte integrante del orden social, pero los mismos son controlados, gestionados e inclusive resueltos por mecanismos sociales como pueden ser los tribunales, la burocracia estatal y los agentes de la sociedad civil (por ejemplo, las ONG, los partidos políticos y los medios de comunicación). En el centro de la sociedad civil se yergue el individuo, cargado de derechos y de intereses. Las relaciones internacionales se basan en entramados de intereses y el Estado se concibe como un actor que opera, en la arena internacional, en función de intereses cambiantes, maniobrando entre aliados, rivales y enemigos. La guerra se considera como algo que es posible evitar mediante una combinación inteligente de fuerza militar (disuasión) y diplomacia. En realidad, la orientación civil separaba al Estado israelí, conceptual y psicológicamente, de su medio geográfico y político y le llevó a ser percibido por otros Estados de Oriente

---

[1] En la cultura política contemporánea, un Estado debe declararse democrático, en parte porque un Estado no democrático se expone a ser atacado por Estados enemigos que pretendan democratizarlo, como les ha ocurrido a Afganistán y a Irak. En este contexto, es importante señalar que el 24 de junio de 2002, George W. Bush declaró que el establecimiento de un Estado palestino en un futuro incierto estaba condicionado a la desaparición del terrorismo, a un cambio en el actual líder palestino (mediante unas elecciones libres) y a la democratización de la ANP.

Próximo como una especie de accidente histórico[2]. El aspecto tribal de su identidad emplaza a Israel en Oriente Próximo, pero lo contempla inmerso –cultural, política y militarmente– en un eterno conflicto con el medio en el que se inserta.

Aunque las clases dominantes primigenias de esta sociedad inmigrante y colona poseían ambos elementos de la identidad colectiva israelí, el tribal y el universal, sabían cómo equilibrarlos satisfactoriamente y cómo dar forma a políticas gubernamentales que encajasen los dos órdenes de principios, al menos en lo que concierne a la burbuja judía de la sociedad. Sin embargo, la llegada de grandes oleadas migratorias conllevó alteraciones demográficas de gran trascendencia que desencadenaron una serie de cambios políticos y culturales. Durante las primeras tres décadas de existencia de Israel, las elites políticas askenazíes establecidas[3] –muchos de cuyos miembros aparecían en la primera parte de este libro– fueron capaces de mantener el viejo orden gracias a la subyugación cultural y política de los nuevos inmigrantes, especialmente de aquellos provenientes de países islámicos[4]. Cuando esta clase hegemónica comenzó paulatinamente a decaer, afloró una definición más tribal y etnocéntrica de la identidad colectiva. Estos grupos minoritarios aún no tenían ni la prepar ión ni el poder político necesario como para formar sus propias organizaciones influyentes, por lo que se acogieron a la vieja oposición chovinista de derechas, representada por el Partido Herut (posteriormente se volvieron hacia el Likud) dirigido por Menajem Begin, para expresar el odio que sentían hacia sus opresores «socialistas» y hacia la cultura secu-

---

[2] Desde principios de la década de 1950, el sueño de Ben Gurion y de muchos otros ha sido la integración de Israel en la incipiente Unión Europea como miembro de pleno derecho. La mayor parte de los acontecimientos culturales y atléticos internacionales de Israel se producen en Europa.

[3] Socialmente, si no culturalmente, guardan un parecido con la población norteamericana *WASP* [acrónimo inglés de *White Anglo-Saxon Protestant*, con la que se designa a la clase privilegiada de aquel país, blanca, anglosajona y protestante (N. de la T.)].

[4] Muchos de los nuevos inmigrantes fueron asentados en emplazamientos fronterizos periféricos, entre los que se encontraban los 450 pueblos y barrios árabes vaciados en 1948. También fueron reconvertidos, un proceso que supuso que muchas personas que habían sido artesanas o comerciantes de clase media en sus países de origen estuvieran ahora obligadas a convertirse en campesinos. Su cultura fue considerada primitiva y fueron definidos como judíos de segunda clase. Al mismo tiempo, fueron secularizados por la fuerza.

lar «no judía» que se les había obligado a adoptar. Así pues, el resultado de las elecciones de 1977 no sólo fue el resultado de la insatisfacción pública producida tras la guerra de 1973, sino también el resultado de una coalición de grupos de judíos despojados de privilegios que respondían ante los lemas populistas chovinistas como «hacer el bien al pueblo» y que se aglutinaban alrededor de la figura paternalista de Menajem Begin. Dos procesos políticos adicionales reforzaron la creación de una coalición estable y creciente de diversos grupos resentidos, de los cuales no todos tenían buenas razones para sentirse agraviados. El primer proceso fue la creación y el crecimiento de Shas, un movimiento sociopolítico de judíos de segunda generación, orientales e influidos por la religión. En sus orígenes, la dirección del Shas, y en particular su padre fundador, el rabino Ovadia Yosef, mantuvo una postura comparativamente moderada hacia el conflicto árabe-judío. Sin embargo, su electorado progresivamente le ha ido empujando hacia una posición acorde a una línea más dura y actualmente forma parte de la derecha política.

Un segundo grupo de inmigrantes, que en muchos aspectos constituye un fiel reflejo de los judíos venidos de los países islámicos, está formado por los rusoparlantes, quienes actualmente suman más de un millón de personas. Al principio, la elite askenazí depositó en él sus esperanzas políticas. La mayoría de sus miembros eran profesionales de clase media con perfiles similares a los de la elite en el poder. Sin embargo, prefirieron integrarse en la clase media, aunque manteniendo una identidad cultural específica, algo que se podían permitir por ser un número tan elevado. Aunque la mayoría de ellos son profundamente seculares y anticlericales, poseen una honda orientación nacionalista que trajeron con ellos desde su país de origen[5]. En tierras soviéticas for-

---

[5] Cerca del 30 por 100 de los mismos no son judíos, a tenor de los estrictos criterios *haláchicos* («una persona es consideraba judía si nace de madre judía –pero no de padre judío– o se ha convertido. La conversión se debe realizar de acuerdo con la interpretación ortodoxa de la *Halacha*»). Por otra parte, aproximadamente entre el 10 y el 15 por 100 de estos nuevos inmigrantes profesan el cristianismo. Están constituyendo una nueva categoría dentro de la sociedad israelí y son considerados por su nacionalidad judíos (no meramente israelíes) y por su religión cristianos. Politólogos como Ian Lustick sostienen que el problema demográfico (expuesto en la segunda parte de este libro) consiste en que Israel deje de ser un Estado judío y se transforme en un Estado no árabe.

maban una minoría perseguida. Ahora que en su nueva patria son parte de la mayoría, su interpretación del patriotismo radica en la persecución y en la opresión de las minorías. Al provenir de un país geográficamente extenso, percibieron el minúsculo territorio de Israel como un grave obstáculo y no podían comprender cómo una nación próspera podía renunciar a una parte de su territorio. Los rusos consideraban la disposición israelí a hacer concesiones territoriales a los palestinos como un signo de debilidad, incluso como una traición, y, en consecuencia, su conducta política se orientó a subsanar las flaquezas y los males de la nación.

Otro cambio sociopolítico adicional, que ha tenido lugar durante las dos últimas décadas, ha sido la creciente actividad política asumida por muchos de los grupos judíos ortodoxos antisionistas que se han unido al bloque parlamentario de la derecha. Este giro fue posible gracias a las actividades emprendidas por la joven guardia religiosa sionista, cuyos miembros a mediados de la década de 1970 alcanzaron un destacado protagonismo en la vida política israelí ocupando el lugar de la vanguardia del movimiento para la promoción de los asentamientos, especialmente en Cisjordania, donde se consideraba que estaba el corazón del antiguo reino bíblico. Las actividades de los sionistas religiosos difuminaron las fronteras entre la religión y el nacionalismo con lo que facilitaron, consiguientemente, la participación política de los partidos antisionistas.

Las correlaciones existentes entre origen social y pertenencia al bloque político de la derecha constituyen generalizaciones gruesas, pero estadísticamente correctas, especialmente en periodos de crisis y de polarización política como el que sucedió al fracaso de las negociaciones de Camp David. No obstante, muchos judíos de origen ruso o procedentes de países islámicos votan a partidos de izquierda, mientras que otros son considerados como votantes fluctuantes, ya que tan pronto votan al bloque de la derecha como al de la izquierda.

El reciente declive del bloque parlamentario de izquierdas también se debió a la retirada de los ciudadanos árabes israelíes del proceso electoral después de los acontecimientos de octubre de 2000. Aquel mes, los residentes de prácticamente todas las ciudades y pueblos árabes tomaron las calles en una enfurecida protesta, arrojando piedras, cortando el tráfico y gritando consignas en contra del Estado y de sus políticas. En algunas ciudades mixtas (Nazaret, Acre y también Haifa, una ciudad famosa por la fluidez de sus relaciones interétnicas) estallaron enfrentamientos entre los residentes judíos y los árabes. La policía reaccionó con la desenfrenada violencia que a menudo utilizan las fuerzas de ocupación en Cisjordania y en Gaza, incluyendo el empleo de munición real. Sin embargo, en esta ocasión, los disparos apuntaban hacia ciudadanos del Estado. Perdieron la vida 13 árabes y un judío, cerca de 700 fueron heridos y varios centenares más fueron arrestados. Los ciudadanos árabes de Israel percibieron que estaban perdiendo la fuerza política que gradualmente habían construido durante las últimas dos décadas. También se sintieron traicionados por la mayor parte de sus conciudadanos judíos con quienes habían intentado dar a luz una reconciliación histórica entre judíos y árabes trabajando juntos para el establecimiento de un Estado palestino al lado de Israel.

Todas estos cambios políticos y demográficos columpiaban el péndulo del nacionalismo israelí –que siempre oscila entre sus extremos civil y primigenio– hacia el extremo tribal de su arco. Éste es el trasfondo de los procesos políticos y militares descritos en la tercera parte de este libro.

18

EL NUEVO SHARON

Tras la primera elección de Sharon, en la que el electorado votó directamente para elegir al primer ministro, algunos analistas israelíes y extranjeros esperaban a un renacido Ariel Sharon, una versión israelí de De Klerk o De Gaulle que libraría a Israel de sus colonias y evacuaría a los *pied-noirs* israelíes[6]. Después de todo, Sharon se crió en el seno del pragmático Partido Laborista

---

[6] En un principio, el sistema electoral israelí era de ámbito nacional y los votantes tenían que elegir una lista de políticos o un partido. El líder del partido que ganara más escaños en la Knesset era invitado por el presidente a formar una coalición de gobierno, un paso necesario, ya que en toda la historia del país ningún partido ha conseguido jamás ganar una mayoría absoluta de los 120 escaños que constituyen la Knesset. Este sistema parece favorecer la fragmentación de la Knesset en muchos partidos pequeños y aumenta la capacidad de éstos para arrancar concesiones. Para evitar esta situación, al final de la década de 1990, un movimiento popular forzó al Parlamento a adoptar un sistema dual de elecciones, donde se celebrarían unas destinadas a la elección directa del cargo de primer ministro y otras a la elección de los diferentes partidos políticos. Netanyahu y Sharon, en sus elecciones anteriores, fueron aupados al poder por un sistema de elección personal. Sin embargo, este nuevo sistema debilitó aún más a los grandes partidos, permitiendo a los electores votar a partidos pequeños que representan sus intereses particulares y, luego, para elegir al primer ministro, expresar su preferencia general por el bloque de derechas o el de izquierdas. Estas razones condujeron a que fuera restablecido el viejo sistema y que la segunda elección de Sharon se produjera porque era el líder del Likud, el partido que había obtenido el mayor número de escaños en las elecciones generales.

y fue el hombre que evacuó los asentamientos judíos en el Sinaí. Y efectivamente, en cierta medida, el Sharon de marzo de 2001 no es el Sharon de 1982. Se dio cuenta de que tenía que crear el apoyo tanto doméstico como internacional para sus políticas y que es imposible alcanzar objetivos a largo plazo utilizando únicamente la fuerza bruta. Actualmente, su retórica es relativamente moderada y ambigua, en contraste con lo que hace en la práctica. En varias ocasiones declaró que podría alcanzarse la paz después de que los palestinos hubieran reducido el nivel de sus aspiraciones y que esto exigiría dolorosas concesiones de Israel. También dijo que debería establecerse cierto Estado palestino autónomo en un periodo aproximado de cinco años y se negó a retirar esta declaración, ni siquiera ante la presión ejercida por algunos políticos de la extrema derecha entre los que se encontraba Benjamin Netanyahu, quien le desafió en unas primarias celebradas poco antes de las elecciones generales en 2003. Al mismo tiempo, juró que bajo ninguna circunstancia se levantaría ningún asentamiento judío. Sin embargo, Sharon nunca reveló el menor detalle de ningún plan, aunque es generalmente sabido que se trata de un estratega osado y sumamente sofisticado. Tampoco hay signos de que haya cambiado ninguna de sus ideas fundamentales sobre el conflicto entre Israel y Palestina.

En una entrevista exhaustiva publicada el año pasado en *Haaretz Magazine*, Sharon dejaba claro que su misión histórica es completar el trabajo que no se terminó en la guerra de 1948:

> La guerra de independencia no ha terminado. No, 1948 fue sólo un capítulo. Si me pregunta si actualmente el Estado de Israel tiene capacidad para defenderse, la respuesta es sí, absolutamente. Y si me pregunta si el Estado de Israel está en peligro de guerra, la respuesta es no. Pero ¿vivimos seguros aquí? No. Por lo tanto, es imposible decir que hemos acabado con el trabajo y que ahora nos podemos dormir en los laureles.

El periodista no le preguntó a qué se refería exactamente con escribir «otro capítulo» de la guerra de independencia y, en este documento único, Sharon dejaba abiertas las puertas a la interpretación sobre sus intenciones, aunque despejara cualquier duda acerca de la percepción metahistórica que él mismo tiene de su papel.

Tal vez, su movimiento político más astuto lo realizó inmediatamente después de su primera elección como primer ministro cuando ofreció al Partido Laborista la oportunidad de unirse al llamado gobierno de unidad nacional, a pesar del hecho de que no les necesitaba para establecer una coalición y de que podía haber formado un gobierno estable y rigurosamente de derechas. En efecto, se trataba de un movimiento perfectamente calculado dirigido principalmente hacia Shimon Peres y hacia Benjamin Ben Eliezer. Ben Eliezer (apodado *Fuad*) –quien inmigró cuando era niño de Irak a Israel en 1950– fue el primer presidente de Partido Laborista no askenazí y es un símbolo de los esfuerzos del partido para acomodarse a los cambios padecidos por las distintas realidades sociales. Ben Eliezer pasó la mayor parte de su vida adulta en el ejército (aproximadamente treinta años) y durante cierto periodo estuvo bajo las órdenes de Sharon. Era conocido por ser un dócil seguidor de sus superiores (incluso durante la guerra libanesa), se le consideraba halcón y había ocupado varios cargos secundarios en el gabinete de Barak. La invitación de Sharon para que desempeñara las funciones de ministro de Defensa era una oferta que no podía rechazar, en la medida en que esperaba ver reforzado su débil perfil político. La situación de Peres es completamente distinta. Se trata de un político envejecido que, no obstante el reconocimiento internacional hacia su figura, es considerado en Israel un eterno perdedor (la última vez que perdió la presidencia del partido fue frente a Ben Eliezer) y un político flojo y cínico. Peres puede adaptar su postura a cualquier coyuntura política, convertirse alternativamente en halcón o paloma, apoyar la creación de un Estado palestino u oponerse a ella. Como era previsible, Ben Eliezer y Peres aceptaron la oferta de Sharon y justificaron su decisión de unirse a su gabinete por la necesidad de contener a Sharon, de contrarrestar a la extrema derecha y de asegurar la continuación del proceso de Oslo[7].

A pesar de las persistentes objeciones aducidas por algunas figuras destacadas del Partido Laborista, Ben Eliezer y Peres forzaron la

---

[7] Benjamin Netanyahu cayó en una trampa similar cuando aceptó la propuesta sugerida por Sharon de entrar a formar parte de su gabinete en calidad de primer ministro después de la salida del Partido Laborista del gobierno de unidad nacional. Probablemente, la razón de Netanyahu para aceptar la oferta estaba en que ocupando un cargo de ministro, se colocaría en una posición más óptima para atacar a Sharon por su política excesivamente blanda hacia los palestinos pero, como miembro del gabinete, sus ataques carecían de credibilidad.

derrota del partido al unirse al gobierno de unidad nacional[8]. No tardó en hacerse patente que aunque los ministros laboristas quisieran influir en el gabinete de Sharon u oponerse a éste desde dentro –y este deseo no estaba claro–, no tenían posibilidades de conseguirlo. Finalmente, el Gobierno de Unidad Nacional se desplomó el 30 de octubre de 2002, cuando el Partido Laborista votó en contra de los presupuestos, con el pretexto de que se destinaba demasiado dinero a los territorios ocupados a expensas del bienestar y del desarrollo de las ciudades israelíes. De hecho, este movimiento se produjo después de que varios sondeos realizados a escala nacional revelaran que mantener su participación en la coalición produciría la desaparición del Partido Laborista del mapa político israelí. Pero parece que fue demasiado tarde para el partido y también para el país, como revelaron los resultados de las elecciones celebradas en enero de 2003[9].

Los logros obtenidos por Sharon de la participación laborista en su primer gobierno fueron evidentes: consiguió aplastar la oposición política interna formando el gobierno más amplio de la historia de Israel y ganó una legitimidad doméstica sin precedentes[10]. El hombre a quien muchos consideraban, bajo cualquier prisma, como un criminal de guerra y que había sido el político israelí más destacado durante veinte años se había convertido en el primer ministro más popular y apreciado del país.

Lo cierto es que la mayor parte de los votantes de Sharon –gente joven y nuevos inmigrantes– nunca habían oído hablar de

---

[8] Entre los principales objetores estaban los moderados Yossi Beilin, Abraham Burgh y Haim Ramon, que criticaban a Ben Eliezer por vender la ideología del partido para favorecer sus propia carrera política, una predicción que se cumplió plenamente durante las elecciones de 2003. Otro político laborista partidario de la línea dura que se unió al partido de Sharon fue el antiguo gobernador «civil» de Cisjordania, Ephraim Sneh. Sharon consiguió, incluso, reclutar como viceministra de defensa a la señora Dalia Rabin-Philosoff, hija de Yitzhak Rabin.

[9] Amram Mitzna, el líder del Partido Laborista que sufrió la aplastante derrota, optó por tratar de reconstruir la credibilidad de su partido y su electorado desde las filas de la oposición. Sharon sustituyó al partido laborista por el partido «centrista» (de hecho secular y chovinista) Shinui, que salió muy bien parado de las elecciones y que está apoyado sobre un electorado individualista de clase media y encabezado por el periodista Yossef *(Tommy)* Lapid, una versión israelí de Le Pen.

[10] Los únicos dos partidos judíos con un nivel medio de representación que permanecieron fuera de la coalición fueron el partido de izquierdas Meretz y el centrista Shinui. Posteriormente, algunas facciones de extrema derecha abandonaron el gabinete en protesta por la política blanda de Sharon hacia los palestinos, pero continuaron apoyando al gobierno desde fuera en contra de la izquierda.

sus hazañas y consideran la debacle de 1982 simplemente como algo que pertenece a la historia; sin embargo, ni siquiera aquellos que casualmente conocen sus acciones pasadas las consideraban pecados. Por el contrario, a Sharon se le considera un héroe, un salvador que evitó que Egipto aniquilara al Estado, «el Rey de Israel». Resulta sintomático del actual clima político de Israel el hecho de que los medios de comunicación no publicaran la biografía del candidato antes de las elecciones de 2001, así como que tampoco haya sido nunca publicada en hebreo la escrupulosamente honesta autobiografía del mismo y que la biografía escrita de él por Uzi Benziman sea relativamente halagadora y se centre principalmente en sus características personales.

Así pues, el único partido sionista en la oposición es Meretz, dirigido con puño de hierro por Yossi Sarid. En realidad, Sarid despliega la retórica y las posiciones tradicionales del campo de la paz pero carece del coraje necesario para convertirse en un líder digno de la oposición. A diferencia del fundador y líder original del partido, el abogado y activista por los derechos humanos Shulamit Alloni, Sarid era un político cauto, profundamente preocupado por permanecer dentro del consenso sionista (cuyas fronteras imaginarias las traza él mismo), actitud que llevó al partido a la grave derrota sufrida en las elecciones de 2003 y a la dimisión de Sarid de su puesto de presidente. Esta actitud ha limitado la eficacia del partido, precisamente en el momento en el que podría ser capaz de convertirse en una alternativa genuina tanto al Likud como al Partido Laborista; este último, a pesar de pasar a la oposición, todavía no es considerado como una alternativa ideológica al primero.

De hecho, lo que evitó que el Meretz se convirtiera en un verdadero partido de la oposición, dotado con potencial de alterar el curso autodestructivo del Estado israelí, fue su falta de disposición para dar los pasos necesarios, aunque políticamente arriesgados, dirigidos a acabar con el actual bloqueo conceptual. Contrariamente a lo que han afirmado otros representantes de Meretz, como Naomi Chazan o la vieja estadista del partido, Shulamit Alloni, había dos cuestiones vitales en las que Sarid se echó para atrás: los crímenes de guerra y los objetores de conciencia. Sarid y otros veteranos del partido a los que se denomina liberales, como Amnon Rubinstein, consideraban que la oposición a los crímenes de guerra y el apoyo a los objetores de conciencia estaba fuera del consenso sionista y, por lo tanto, más allá de lo que estaba permitido debatir.

19

LA TERCERA TENTATIVA DE POLITICIDIO

Aunque nadie conoce las intenciones de Sharon, sus actos –y en algunas cuestiones su inacción– son perfectamente claros y no dejan mucho hueco a las interpretaciones. El 27 de marzo de 2002, durante la primera noche de Pascua, un atentado suicida mató a 29 personas e hirió a otras 150 que asistían al Seder, la tradicional comida de Pascua, en un pequeño hotel de la ciudad costera de Netanya. Dos días después, Israel llamó a filas a sus unidades de reserva y declaró el comienzo de la Operación Escudo Defensivo. La operación había sido planeada desde mucho antes, pero el atentado suicida, que había conmocionado a la opinión pública doméstica y mundial, proporcionó la excusa perfecta para empezar el proceso de politicidio contra el pueblo palestino.

Los intentos de cometer politicidio contra los palestinos no son nuevos y se han repetido con frecuencia –primero con la cooperación de los gobernantes transjordanos y, después de 1948, con los jordanos–, constituyendo la Operación Escudo Defensivo la versión actualizada de este proceso. El objetivo oficial de la operación era «hacer desaparecer la red terrorista palestina»[11]. Multitud de tanques y unidades de infantería, apoyados por helicópteros Apache, se unieron en una marcha a los territorios controlados por la ANP en Cisjordania y más tarde a los de la franja

---

[11] Estos objetivos eran similares a los de la Operación Paz para Galilea.

de Gaza, alcanzando ciudades, campos de refugiados y también pueblos (dejando únicamente intactos a Hebrón y a Jericó).

Las fuerzas israelíes trataban de desarmar a cada miembro, oficial o no, de las milicias y encontrar los almacenes de armas y de explosivos. Capturaron y recluyeron en campos de detención a miles de sospechosos. Según Aministía Internacional, en el periodo comprendido entre el 27 de febrero y el 20 de mayo de 2002, fueron arrestados y sometidos a interrogatorio 8.500 palestinos. La mayoría de ellos fueron gradualmente puestos en libertad[12]. Pero las fuerzas israelíes no se detuvieron aquí. Destruyeron de manera sistemática edificios e infraestructuras, estaciones de radio y de televisión, bases de datos y documentos –algunos de los cuales fueron llevados a Israel como botines de guerra–, acabando de este modo con el fruto de años de duro trabajo realizado por los palestinos durante el periodo posterior a Oslo. Plantas potabilizadoras de agua y de energía eléctrica, así como carreteras, también fueron dañadas o completamente destruidas. Esta operación no sólo destruyó organizaciones políticas y sus medios logísticos, sino también instituciones civiles como universidades, escuelas, clínicas, iglesias y mezquitas, con el pretexto de que en su interior se escondían terroristas.

La resistencia por parte de las milicias palestinas, regulares o irregulares, fue mínima. Parecía que había una comprensión generalizada de que la superioridad militar israelí era tan abrumadora que era insensato darles un pretexto para emplear a fondo su potencia y causar aún más destrucción y más víctimas humanas. El único lugar, además de Nablús, donde estallaron combates entre fuerzas palestinas irregulares e israelíes fue en el campo de refugiados de Yenín.

Los palestinos de Nablús también resistieron, pero como no hubo prácticamente bajas israelíes, la batalla sobre esta ciudad

---

[12] Aproximadamente las 2.000 personas retenidas bajo detención administrativa durante los meses de febrero y de marzo fueron liberadas, pero aquellas personas detenidas después del 29 de marzo estuvieron bajo cautiverio durante un periodo mucho más largo y en las más pésimas condiciones. En virtud de una orden militar emitida el 5 de abril de 2002 era lícito retener a una persona sin orden judicial bajo detención administrativa durante un periodo de dieciocho días, sin derecho a comunicarse con un abogado ni con un miembro de su familia. Después de este periodo, era posible solicitar de los tribunales una prórroga de noventa días. Antes de concluir el mes de mayo, permanecían detenidos menos de 1.000 hombres; se mejoraron sus condiciones y se les permitió ser visitados por representantes de la Cruz Roja.

apenas recibió atención. El combate se produjo en el periodo comprendido entre el 2 y el 21 de abril, principalmente en la ciudad antigua, la *kasbah* y en los campos de refugiados de Balata y Asqar. Según informes palestinos, se produjeron 80 muertos y 300 heridos. Tradicionalmente, Nablús ha sido considerada el centro de la resistencia palestina y la *kasbah* se considera un lugar donde los extranjeros no tienen permitida la entrada.

Las diversas milicias, como Fatah, Hamás y la Yihad Islámica, no esperaron a que los israelíes entraran en el campo de refugiados para unirse en un mando unificado del campo de Yenín con el objeto de fortificar el campo y organizar una emboscada. Cuando las fuerzas israelíes intentaron penetrar en su interior cayeron en la trampa que se les había estado preparando durante tres días, entre el 2 y 5 de abril, lo que les impidió tomar el control sobre el campo. Como respuesta, Israel trajo máquinas apisonadoras y superó la resistencia atravesando casa por casa todas las paredes, no sin antes haberlas tirado abajo. Estas tácticas llevaron a la destrucción total de dos campos vecinos al sur de Yenín, Damy y Hawashin.

El 9 de abril, los israelíes pidieron un alto el fuego para poder evacuar a ocho soldados heridos y 13 cadáveres de un edificio que se había derrumbado mientras éstos se encontraban en su interior. Al final de las hostilidades, la guerra en las calles, sumamente temida por ambos lados, sólo se había producido en el campo de refugiados de Yenín y, con una intensidad mucho más leve, en el centro de Nablús. El resultado final fue la muerte de 50 palestinos, un número desconocido de heridos y una tremenda destrucción de inmuebles que dejó a cerca de 5.000 personas sin hogar. En el lado israelí, la batalla por Yenín dejó 23 soldados muertos y aproximadamente 100 heridos.

Debido al cierre israelí de todos los accesos a la región, incluso a los medios de comunicación y a los equipos de rescate, circularon rumores de que en el campo de Yenín se estaba llevando a cabo una masacre y de que los cuerpos de un elevado número de palestinos habían sido quemados en una fosa común en el norte del valle del Jordán. Los rumores se demostraron infundados. No obstante, las propias autoridades israelíes reconocieron que el exceso de fuerza que había sido empleada en la batalla sobrepasaba lo permitido por las normas internacionales. Este exceso incluía la utilización de escudos humanos, la toma de rehenes y la negación de ayuda a los heridos, todo lo cual está definido como crímenes de guerra. El secretario general de Naciones Unidas, Kofi Annan, nombró una comisión encargada de investigar los hechos ocurridos en Yenín, pero Israel se negó a permitir a la misma que entrara en el área. Sea lo que fuere lo ocurrido a los palestinos en Yenín, los acontecimientos en el campo de refugiados cobraron significados contradictorios: por un lado, dio lugar a un heroico relato de la victoria palestina sobre el poderoso ejército israelí (como en Karame en 1968); por otro, la historia era de sufrimiento y de masacre (como en Deir Yasín, en Kafr Qásem, en Sabra y Shatila o en Tal al Zaatar). Posteriormente, se produjo un incidente similar aunque de menor importancia en Hebrón. La tarde del 16 de noviembre, una pequeña unidad palestina tendió una emboscada a una patrulla israelí en el barrio de Yabel Yuwara de esta ciudad[13]. Durante cuatro horas y media de enfrentamientos resultaron muertos nueve soldados israelíes, incluyendo al comandante israelí de la región, y 14 fueron heridos. También perdieron la vida tres judíos civiles armados y tres combatientes guerrilleros pertenecientes a la Yihad Islámica.

Durante la Operación Escudo Defensivo se produjeron otros dos acontecimientos destacados. Uno fue el sitio de la iglesia de la Natividad y el otro el asedio de la residencia oficial de Yaser Arafat. Acto seguido a la entrada de Israel en Belén a principios de abril, un nutrido grupo de milicianos palestinos se refugió en la iglesia de la Natividad. Supusieron, acertadamente, que Israel no atacaría un lugar sagrado tan significativo para los cristianos. El suceso levantó una gran crispación en el mundo cristiano, tanto contra los musulmanes como contra los judíos. También subrayó la naturaleza excepcional y conflictiva de esta batalla sobre Tierra Santa y las complejas relacio-

---

[13] En la ciudad de Hebrón, aproximadamente 600 fanáticos religiosos judíos conviven con 160.000 habitantes palestinos. Estos colonos se comportan como si fueran los amos de la ciudad y acosan constantemente a los árabes. Toda una brigada de soldados israelí garantiza la seguridad de este pequeño puñado de colonos. Debido a la cercanía del asentamiento con el lugar conocido como la mezquita de Ibrahimiya o la Cueva de los Patriarcas (*Majpelah*), un lugar sagrado tanto para los judíos como para los musulmanes, periódicamente la comunidad judía de Hebrón actúa como anfitriona para miles de judíos que acuden a practicar sus oraciones, si bien estos actos se parecen más a manifestaciones políticas. Así pues, una gran cantidad de habitantes árabes de la ciudad se encuentra bajo toque de queda la mayor parte del tiempo. La población colona en Kiryat Arba, un asentamiento situado en el lado oriental de Hebrón, es aproximadamente de 6.500 habitantes.

nes que existen entre las tres religiones. En el momento en el que se desataron batallas alrededor del propio edificio, el Papa intervino personalmente junto a funcionarios de algunos Estados europeos que habían prometido conceder asilo a los combatientes cristianos. El episodio concluyó un mes después.

La primera vez que Israel entró en Ramala, la ciudad palestina más moderna, más secular y de mayor tamaño, sus fuerzas armadas rodearon la sede de Arafat (la *Muqata*). Arafat, junto a otros oficiales y políticos de la ANP, fue puesto bajo un virtual arresto domiciliario[14]. El asedio de la Muqata no terminó el 21 de abril, fecha en la que las fuerzas israelíes se retiraron de otras partes de la ciudad, ya que Israel exigía la extradición de dos hombres sobre los que tenía una orden de búsqueda y que estaban guarecidos en el recinto[15]. Durante todo el tiempo que duró el asedio, políticos, distintos expertos y periodistas israelíes debatieron si Arafat debía ser asesinado o deportado y si había o no un sustituto viable para él. Durante este episodio, ni siquiera se le permitió asistir a la cumbre de Estados árabes en Beirut. En esta conferencia se decidió proponer a Israel la paz en la región a cambio de su repliegue a las fronteras de 1967, el establecimiento de un Estado palestino con capital en Jerusalén oriental y una solución razonable y aceptable al problema de los refugiados[16]. Israel ignoró completamente esta resolución sin precedentes y ni siquiera la consideró como una base para futuras negociaciones.

---

[14] Al mismo tiempo, el secretario de Fatah, Marwán Barguti, fue llevado a Israel y puesto bajo detención administrativa durante un dilatado periodo de tiempo. Barguti era sospechoso de ser el comandante del brazo clandestino de Fatah, la Brigada de los Mártires de Al Aqsa. Posteriormente, fue sometido a un juicio político en Israel celebrado como si fuera un espectáculo. No reconoció la autoridad del tribunal israelí porque se trataba de un líder político electo de otro pueblo y, consecuentemente, rechazó ser defendido.

[15] Entre las personas que se refugiaron en la sede, se encontraban Ahmed Sadat, secretario del Frente Popular y responsable de la ejecución del ministro de Turismo israelí, Rehavam Zeevi –líder del partido Moledet, que explícitamente pidió la limpieza étnica («transferencia») de los palestinos–, y Fuad Shubki, el financiero que supuestamente organizó el viaje del *Karine A,* una pequeña embarcación que transportaba armamentos para la ANP. Después de largas negociaciones, ambos hombres fueron trasladados a una prisión en Jericó bajo protección angloestadounidense.

[16] Es posible que Arafat no estuviera interesado en ir a Beirut, tanto ante el temor de que no se le permitiera regresar como por su recelo ante la propuesta de paz saudí, que era el primer asunto a tratar en la agenda de la cumbre y que consideraba una iniciativa estadounidense.

El asedio terminó cuando la intervención estadounidense garantizó que Arafat sería liberado y que él, a cambio, entregaría a los hombres buscados por Israel a los estadounidenses, quienes a su vez trasladarían a los mismos a una prisión en Jericó. Ciertamente, este episodio tendrá repercusiones a largo plazo para Arafat y, posiblemente, también para la ANP. El acuerdo de Arafat, consistente en comprar su propia libertad entregando a cambio la de otros, erosionó su prestigio. El prolongado asedio puso de relieve su debilidad y su dependencia de Israel, de Estados Unidos y de Europa. Por primera vez, los propios miembros de la ANP exigían reformas legales y gubernamentales de gran envergadura. No es probable, sin embargo, que en estos tiempos especialmente difíciles se lleven a cabo auténticas reformas, aunque el propio Arafat las secunde y el Consejo legislativo las adopte. Tanto Israel como Estados Unidos también exigieron otras reformas, diametralmente opuestas no obstante a las del consejo, que contemplaban la destitución de Arafat y la investidura de una autoridad diferente que suprimiera la resistencia palestina y acatara a largo plazo los acuerdos provisionales que eran conformes a los intereses israelíes.

La Junta de Estado Mayor de las fuerzas armadas israelíes había exigido durante cuatro meses que la dirección política le permitiera retomar el control sobre los territorios palestinos, incluida la franja de Gaza. Sin embargo, la oportunidad política para este cambio parecía cerrada, principalmente a causa de la reacción internacional, y el 21 de abril se declaró oficialmente que la operación había concluido. Seguidamente, se ordenó la retirada de las fuerzas de reserva que habían sido llamadas a filas para la ocupación de la franja de Gaza. Sin embargo, la realidad era que las fuerzas israelíes continuaban entrando en las ciudades y en los campos de refugiados palestinos casi diariamente, con la intención de arrestar y en ocasiones de matar a personas. Israel continuaba ejecutando su política de asedio en Cisjordania y de dividir la zona en áreas incomunicadas, al mismo tiempo que los palestinos continuaban sus actividades terroristas, si bien a una escala mucho menor, tanto en el interior de Israel como contra los asentamientos y el tráfico en Cisjordania. Sin embargo, en poco tiempo se reanudaron los atentados suicidas. En junio, Israel lanzó la Operación Camino Determinado mediante la reocupación de toda el Área A durante un periodo indefinido de tiempo. Esta guerra intercomunitaria, que borró cualquier diferencia entre el frente y la retaguardia, o entre civiles y militares, puso en marcha una reacción en cadena que llevó a un incremento mayor de la violencia. Una de las características de guerras intercomunitarias como ésta es que los individuos de ambos lados albergan fuertes sentimientos personales sobre el desenvolvimiento del conflicto y están profundamente implicados en él. También se caracterizan por la desaparición de cualquier empatía hacia las aspiraciones, los sentimientos, las actitudes y el sufrimiento padecido desde el otro lado.

Si los niños palestinos arrojando piedras fueron el símbolo de la primera Intifada, el símbolo de la Intifada de Al Aqsa es —para ambos lados— el terrorista suicida. La reacción de los dos grupos hacia los atentados suicidas refleja la incapacidad de ambos para comprender a su oponente. Los judíos israelíes ven el fenómeno como la prueba definitiva de la naturaleza cruel, fanática y primitiva de los palestinos y concluyen que es imposible entablar negociaciones razonables con personas que envían a sus hijos a matarse a sí mismos junto con personas inocentes. En los medios de comunicación israelíes abundan las historias acerca de terroristas suicidas que son considerados héroes y mártires, mientras sus familiares supervivientes disfrutan del prestigio social y de compensaciones materiales. Al mismo tiempo, los israelíes ignoran el trabajo intelectual realizado por la experta en estudios culturales Idit Zertal, que revela que Israel también posee un espíritu de muerte aunque no se manifieste en atentados suicidas[17]. Esta falta de compresión ha cegado a la mayor parte de la población israelí respecto a la pobreza, el acoso y la humillación, la desesperanza, el asesinato y la violencia perpetuas que arruinan la vida a tantos palestinos y que lleva a tantos jóvenes a cometer actos de tal desesperación; actos que no se diferencian tanto de los que la Biblia atribuye a Sansón después de que éste fuera capturado por los filisteos. La misma falta de empatía también ha cegado a los palestinos respecto al sufrimiento y a la rabia que sienten los judíos cuando los atentados suicidas masacran a civiles inocentes,

---

[17] Es habitual ridiculizar a los terroristas suicidas y burlarse de sus motivaciones dando explicaciones sexuales de sus acciones. Supuestamente, éstos sacrifican sus vidas por las 70 vírgenes que al parecer reciben los mártires cuando llegan al cielo. Esta razón sí que existe, efectivamente, en el islam popular, pero la explicación es demasiado simplista e ignora el hecho de que algunos suicidas son seculares o son mujeres, y que su motivación es política (nacionalista, religiosa, o una mezcla de ambas).

unas emociones que se intensifican cuando muchos palestinos expresan públicamente su felicidad después de cada operación exitosa. A menudo, los funerales de las víctimas de ambos lados se convierten en manifestaciones políticas delirantes y en ceremonias de odio.

Dejando a un lado los toques de queda, que habitualmente se prolongan durante semanas, y los cierres, que dividen el territorio en pequeños cantones e impiden cualquier libertad de movimiento para los individuos a la vez que se niega la entrada de alimentos o de asistencia médica, las acciones más perversas desde el punto de vista de los palestinos –y que a sus ojos equivalen a los atentados suicidas– son los asesinatos selectivos. El 17 de diciembre de 2000, Israel inició una política de ejecuciones extrajudiciales (llamados asesinatos selectivos) de aquellas personas de las que se sospechaba que eran responsables de cometer actos terroristas y de resistencia armada. Samih al Malabi, oficial del Tanzim, estuvo entre los primeros asesinados. Aunque la mayoría de los ejecutados eran responsables de actos terroristas, había otros que parecían ser, simplemente, personas al servicio de los líderes palestinos. Algunos analistas sospecharon que el gobierno israelí estaba utilizando cínicamente las ejecuciones para provocar una reacción palestina y atajar cualquier intento de apagar la violencia[18]. Había dos razones por las que estos asesinatos atizaron emociones tan poderosas entre los palestinos y entre algunos judíos: ante todo, las víctimas asesinadas eran personalidades pú-

---

[18] Esto parecía cierto al menos respecto a algunas de las ejecuciones: por ejemplo, el 30 de diciembre de 2000, el secretario general de Fatah en Cisjordania, Dr. Thabat Thabat; el 14 de enero de 2001, Raad al Karmi, el líder del Tanzim en Tulkarem; el 4 de abril, Iyad Jadran, líder de la Yihad Islámica en Yenín; el 25 de agosto, Abu Ali Mustafa, secretario del Frente Popular; y el 23 de julio de 2002, Salah Shehada, un activista de Hamás. Después de la última de estas ejecuciones, Akiva Eldar, un comentador de *Haaretz* al que no le falta información, escribió: «Dado que las pruebas, en este caso, están clasificadas de alto secreto, no hay manera de saber si la inteligencia israelí, que conocía cada paso que daban Salah Shehada y sus invitados, también sabía que el Tanzim mantuvo una reunión el pasado fin de semana con Hamás en la que se discutió, entre otros asuntos, enviar a Shehada lejos a unas vacaciones muy largas. En otras palabras, en las discusiones entre los representantes de Estados Unidos y Ahmed Yasin [el líder espiritual y político de Hamás], al líder de Hamás se le dijo que no sería suficiente que el ala política de este grupo tomara parte en el acuerdo, el ala militar también tendría que estampar su firma».

blicas y muchas admiradas por el pueblo palestino; en segundo lugar, con frecuencia las operaciones no fueron limpias y, junto a la persona elegida, morían otros individuos inocentes. Cuando Salah Shehada fue ejecutado, junto a él murieron nueve niños y ocho adultos, después de que fuera arrojada una bomba de una tonelada sobre el edificio en el que se encontraba. Ariel Sharon elogió esta operación cuidadosamente planeada por tratarse de un gran éxito.

Después de estos hechos, algunos miembros de la opinión pública israelí tacharon abiertamente estas acciones de crímenes de guerra, siendo ésta una de las pocas ocasiones en la historia de Israel en la que ha sucedido esto. El comandante de las fuerzas aéreas israelíes, el general Dan Halutz, respondió a la acusación en una entrevista para *Haaretz Magazine*, utilizando las siguientes palabras:

Halutz: Todas aquellas personas que han hablado de una orden flagrantemente ilegal y han amenazado con entregar a los pilotos al Tribunal de La Haya, en mi opinión, simplemente han sacado las cosas de quicio. ¿Ésta es la gente por quien las fuerzas de defensa están luchando un día sí y otro también? Todos esos corazones doloridos, que no tienen escrúpulos en utilizar métodos mafiosos para chantajear a los combatientes, no recuerdo que hayan amenazado nunca con enviar a uno de los architerroristas, los terroristas que han matado a muchos civiles israelíes, a La Haya. Lo que tengo que decir acerca de esas personas es que esto es una democracia, donde todo el mundo puede expresar siempre su opinión. Pero no ser un traidor.

Periodista: ¿Está usted sugiriendo que los miembros de Gush Shalom [Bloque de la Paz; un minúsculo grupo de activistas radicales por la paz] que hicieron tales comentarios deberían ser llevados a juicio por traición?

Halutz: Tenemos que encontrar la legislación aplicable y abrir un proceso contra ellos. Sí. Usted quería hablarme de moralidad y yo lo que digo es que un Estado que no se protege está actuando de manera inmoral. Un Estado que no respalda a sus combatientes no sobrevivirá. Afortunadamente, el Estado israelí sí que respalda a sus luchadores. Esta minoría que se hace oír pero que es insignificante me recuerda a épocas oscuras de la historia del pueblo judío, cuando una minoría de entre nosotros se marchó y delató a otra parte de la nación. Esto no debe pasar de nuevo. Quién hubiera creído que los pilotos de las fuerzas aéreas encontrarían sus coches pintados de *spray* con sañudas pintadas a causa de la misión que llevaron a cabo[19].

Las opiniones expresadas recientemente por oficiales de alto rango y por oficiales que ocupan puestos clave en la Administración de Sharon deberían ser interpretadas como intentos de preparar a la opinión pública israelí ante medidas de mayor gravedad contra los palestinos.

Por ejemplo, el 30 de agosto de 2002, Moshe Yaalon, recién nombrado jefe del Estado Mayor, emitió en *Haaretz Magazine* en una de sus primeras apariciones públicas un inolvidable «diagnóstico» que podría haber sido tomado directamente de una publicación del estilo de *Der Stürmer*. Éstas fueron sus palabras:

> *Yaalon*: Las características de la amenaza [de los palestinos] son invisibles. Como el cáncer. Cuando a uno le atacan externamente, puede ver el ataque, que está herido. El cáncer, por su parte, es algo interno. Por lo tanto, encuentro que es más inquietante porque en este caso el diagnóstico es decisivo [...], sostengo que esto es un cáncer [...], mi diagnóstico profesional es que éste es un fenómeno que constituye una amenaza existencial.
>
> *Periodista*: ¿Significa esto que lo que usted está haciendo ahora como jefe del Estado Mayor en Cisjordania y en Gaza es aplicar quimioterapia?

---

[19] De hecho, se solicitó al fiscal general del Estado que juzgara al Bloque de la Paz, el cual citó a militares y a civiles para recabar pruebas sobre crímenes de guerra cometidos por los soldados israelíes en los territorios ocupados. Sin embargo, la investigación pronto se dejó de lado, probablemente ante el temor imponente de abrir la caja de Pandora al reexaminar los términos de las cláusulas sobre el «crimen de guerra» y el «deber de desobedecer las órdenes manifiestamente ilegales», unas cláusulas que fueron reconocidas y admitidas por el Tribunal Superior de Justicia de Israel en 1957 después del juicio a los participantes en la masacre de Kafr Qásem, pero que nunca han sido utilizadas desde entonces. Algunos países extranjeros también han investigado la posibilidad de juzgar a oficiales israelíes por crímenes de guerra. El 30 de septiembre Scotland Yard abrió una investigación a Shaul Mofaz acusado de cometer crímenes de guerra. Mofaz estaba en una visita para recaudar fondos en Gran Bretaña pero voló de regreso a Israel después de que Sharon le ofreciera el puesto de ministro de Defensa. Poco antes de finalizar 2001, un tribunal de Bélgica inició, a iniciativa de las familias de las víctimas, un interesante proceso por crímenes de guerra contra Ariel Sharon, Rafael Eitan, Amir Drori y Amos Yaron, las personas encontradas responsables por una comisión israelí de la masacre de Sabra y Shatila. En junio de 2002, el tribunal estimó que carecía de potestad para juzgarles.

Yaalon: Hay todo tipo de soluciones para las manifestaciones cancerígenas. Algunos dirán que es necesaria la amputación de órganos. Pero en estos momentos, yo estoy aplicando quimioterapia. Sí.

Y haciéndose eco, más adelante, de la opinión de Sharon, Yaalon dijo:

No me cabe duda de que cuando este periodo sea contemplado históricamente, la conclusión será que la guerra de la independencia ha sido el acontecimiento más importante de nuestra historia y que la actual guerra fue el segundo acontecimiento más importante [...] [porque] nos remonta a la [...] [era] preestatal, a la propuesta de partición y a la guerra de la independencia, [los palestinos no quieren] alcanzar un acuerdo y aplacar sus reivindicaciones, sino mantener el conflicto y dejar que el tiempo siga su curso de acuerdo a [su] estrategia de fases [o de destruir a Israel por etapas].

Como es habitual, el periodista evitó hacer las preguntas difíciles, como, por ejemplo: ¿de qué manera el rechazo de los palestinos a aceptar la «generosísima oferta» de Barak encaja con la supuesta «estrategia de etapas»? El periodista tampoco clarifica el significado de la «amenaza invisible» y por qué es «interna», cuando la opinión generalizada en Israel es que los palestinos de los territorios ocupados están fuera de las fronteras del Estado israelí. ¿Es posible que Yaalon estuviera hablando también de los ciudadanos árabes de Israel como de un cáncer o quizá no hablaba sólo de los árabes?

Otra cuestión sumamente dolorosa para ambas partes –pero utilizada también como herramienta para manipular a la opinión pública local y mundial– es la muerte, intencionada o no, de niños. El 1 de octubre, un informe de Amnistía Internacional condenó a ambas partes del conflicto por su «absoluta desconsideración» hacia las vidas de los 250 niños palestinos y los 72 israelíes que habían sido matados en el conflicto. Desde el comienzo de la Intifada de Al Aqsa hasta septiembre de 2002, habían muerto más de 625 israelíes en un total de 14.280 ataques cometidos en dos años. Durante el mismo periodo, aproximadamente 1.372 palestinos habían sido matados por las fuerzas militares israelíes. Un total de 4.500 israelíes fueron heridos en ataques terroristas y entre los palestinos los números son mucho más elevados; la Media

Luna Roja palestina estimaba que aproximadamente ascendían a 20.000 heridos.

Al final del primer mandato de Sharon, ¿todavía era él un enigma o se trataba de un líder cuyas intenciones habían sido claramente definidas? ¿Era un De Gaulle o se trataba de un Milosevic? Cualquiera que sea la conclusión que uno extraiga de estas cuestiones, lo cierto es que ha cumplido con uno de los objetivos más importantes de su primer mandato: ser reelegido y ganar otros cuatro años en los que llevar a cabo sus ideas.

20

¿Qué hay a la izquierda de la izquierda?

Antes de pasar a analizar cuáles son posiblemente las intenciones de Sharon y qué probabilidad hay de que las lleve a cabo —que no son forzosamente las mismas que las del núcleo duro de su electorado[20]—, resulta esencial comprender qué le ocurrió a la izquierda israelí o, más específicamente, al campo de la paz. El campo de la paz, que cobró vida, aproximadamente, durante la pasada década y cuyas opiniones se expresaron con frecuencia en las urnas, estaba formado por una frágil coalición de grupos diversos que albergaban motivaciones y perspectivas muy distintas.

Barak, Sharon y los fundamentalistas religiosos de ambos lados volcaron muchos esfuerzos en desmembrar esta coalición. El núcleo duro del campo de la paz estaba constituido por individuos y por grupos pequeños que pensaban que la ocupación y la opresión de otro pueblo, así como el robo de sus tierras, eran perversas en

---

[20] Una parte considerable del núcleo duro de su electorado no votó por él durante las primarias del Likud, sino por Netanyahu (quien intentó emprender su propio regreso adoptando una posición política más dura), y tampoco lo hizo en las elecciones generales, en las que votó por la derecha más extrema de la Unión Nacional o del Partido Nacional Religioso. Sin embargo, a Sharon le convino muchísimo presentarse a sí mismo como un candidato de derechas moderado. Esta estrategia dio sus frutos en las elecciones de enero de 2003, cuando el Likud consiguió captar una porción considerable de electorado de centro y convertirse (con 38 escaños) en el partido mayoritario de Israel.

términos humanistas universales, si bien había otros en el campo de la paz que pensaban que la ocupación transformaba el país en una democracia *Herrenvolk* que dañaba la propia sociedad israelí. La mayor parte de estas ideas empezaron a ser formuladas y a expresarse después de la guerra de 1982, aunque de alguna forma ya existían antes de la misma.

Una razón determinante para alcanzar un acuerdo con los palestinos, aunque éste incluyera la retirada de todos los territorios ocupados y el desmantelamiento de todos los asentamientos, descansa en la lógica militar. Un Estado palestino desmilitarizado no puede plantear una amenaza existencial para Israel, pero el control policial y las personas rebeldes sometidas plantean una amenaza a largo plazo, porque el desgaste resultante de esta situación sobre las fuerzas israelíes constituye un verdadero peligro en el caso de una guerra en la región. Esta percepción fue probablemente la razón por la que Yitzhak Rabin inició el proceso de Oslo y de que lo diseñara del modo en el que lo hizo. Recientemente, el historiador militar israelí Martin van Creveld expresó en una entrevista realizada por la televisión australiana: «Básicamente siempre es una cuestión de relación [equilibrio] de fuerzas. Si uno es fuerte y combate contra débiles, uno mismo se va a debilitar [...]. Si uno es fuerte y combate contra débiles, todo lo que hace es un crimen».

Hay otra visión que subyace a este pensamiento y que, en algunas ocasiones, suscriben algunas personas equivocadamente identificadas con el campo de la paz: la perspectiva separatista. En la misma entrevista Creveld expresaba lúcidamente en que consiste la ideología separatista:

> [La única solución es] construir un muro entre nosotros y el otro lado, tan alto que ni siquiera los pájaros puedan volar por encima [...], tanto como para evitar cualquier tipo de fricción durante mucho, mucho tiempo [...]. Desgraciadamente, el ejército israelí insiste, contra toda lógica militar, en estar presente en ambos lados del muro. Formalmente, podríamos acabar con el problema en cuarenta y ocho horas, al menos en Gaza, quitándonoslo de encima y construyendo un muro de verdad. Y entonces, naturalmente, si alguien intenta trepar el muro, le matamos.

Versiones diversas de esta idea se han hecho muy populares entre los judíos israelíes, y a iniciativa del antiguo ministro de Defensa, Benjamin Ben Eliezer, se comenzó la construcción de una barrera que seguía aproximadamente las líneas de 1967. En realidad, la barrera alrededor de la franja de Gaza se completó hace mucho tiempo y la franja se ha convertido en el mayor campo de concentración que jamás haya existido. Los separatistas no pertenecen al grupo que dentro del campo de la paz desea la paz y la coexistencia entre judíos y árabes, aunque muchos de ellos se identifiquen con la izquierda porque estén dispuestos abandonar los asentamientos, a hacer concesiones territoriales y a reconocer la fundación de un Estado palestino con el fin de deshacerse de los palestinos. Algunos separatistas también apoyarían abandonar aquellas partes del territorio de Israel densamente pobladas por árabes. Su deseo es lo contrario de una limpieza étnica, pero los resultados prácticos y psicológicos serían parecidos[21]. Está enraizado en una mezcla de emociones entretejidas: la desconfianza, el miedo y el odio hacia los árabes se combinan con el deseo de sustraer a Israel de su entorno cultural inmediato. Esto explica por qué la mayoría de la población israelí –como invariablemente muestran todos los sondeos de opinión realizados en los últimos años– vota por los partidos de la derecha o religiosos encabezados por el Likud, favorece la eliminación de Arafat y, al mismo tiempo, está de acuerdo con el establecimiento de un Estado palestino. Los separatistas también optan por la formación de gobiernos de unidad nacional, con la esperanza de que los halcones laboristas y los miembros moderados del Likud harán desaparecer a los árabes del Estado judío mediante una acción unilateral. Los separatistas sólo fueron aliados temporales del campo de la paz, como evidenció su voto a favor del halcón Ehud Barak, y si Sharon no les aporta seguridad mediante la «construcción de un muro tan alto que ni siquiera los pájaros puedan volar por encima», puede ser que regresen al seno del Partido Laborista.

Un componente fundamental del campo de la paz son los votos y los partidos de los ciudadanos árabes israelíes. Cada vez que en la pasada década el bloque de izquierdas ganó unas elecciones fue principalmente gracias a los votantes árabes, quienes constituyen aproximadamente el 18 por 100 de los ciudadanos con derecho a voto. Los votantes árabes tienen al menos dos intereses particulares para apoyar a la izquierda judía y al campo de la paz.

---

[21] Este enfoque es la pesadilla de los colonos, porque significa un abandono íntegro no sólo de los asentamientos y de los colonos, sino también de la ideología del Gran Israel. Ésta es la razón de que los colonos la consideren como la «limpieza étnica de los judíos de su patria».

Uno es alcanzar la libertad y la autodeterminación para sus hermanos palestinos; el segundo es su esperanza de que la resolución del conflicto judeo-palestino mejore su *status* como ciudadanos y les proporcione una mayor –si no la plena– igualdad dentro del Estado judío. Pero, normalmente, la corriente dominante dentro de la izquierda les arrincona. Incluso durante el periodo de Rabin, los partidos árabes israelíes no formaron parte oficialmente de la coalición y obtuvieron fondos pero no cargos, una situación que les dejó sintiéndose como el equivalente político de la amante encubierta. En las manifestaciones producidas durante el mandato de Barak se mató a ciudadanos árabes israelíes. Su decepción justificada con Barak y con otros socios de la izquierda llevó a muchos de ellos a retirarse de la política y tuvo consecuencias devastadoras en el campo de la paz.

Sin embargo, las causas más importantes del declive de la izquierda fueron el fracaso de Barak para alcanzar un acuerdo en Camp David, su declaración de que «no hay una contraparte [palestina con quien alcanzar la paz]», la decisión del Partido Laborista de unirse al gobierno de unidad nacional y el hecho de que Meretz y su movimiento afiliado Paz Ahora dejaran de apoyar dos iniciativas populares que habrían roto con convenciones muy arraigadas en Israel acerca de hacer la guerra y de hacer la paz.

La primera estaba constituida por el movimiento de soldados regulares y de reserva que rechazaban prestar servicio en los territorios ocupados. La mayoría de estos soldados no eran pacifistas en el sentido comúnmente aceptado del término (nunca ha existido un movimiento genuinamente pacifista en Israel). Su rechazo es selectivo, ya que estaban dispuestos a ser reclutados y a ser soldados combatientes en guerras inevitables (las llamadas guerras impuestas), pero se negaban a sofocar la revuelta palestina, a defender los asentamientos judíos ilegales en los territorios ocupados y a cometer lo que ellos percibían como crímenes de guerra o crímenes contra la humanidad. Todos ellos habían sido sometidos a consejos de guerra y condenados, a menudo en repetidas ocasiones, a distintos periodos de cárcel bajo duras condiciones.

El padre de un joven objetor de conciencia difundió el siguiente mensaje en Internet:

El domingo, 10 de noviembre de 2002, Matania Ben Artzi escribió:

Queridos amigos: [Mi hijo] Jonathan Ben Arzi terminó su cuarto periodo en la cárcel el viernes, 8 de noviembre de 2002. Hoy, domingo 10 de noviembre, fue llamado de nuevo a filas. Solicitó [al ejército] realizar el servicio civil [en lugar del servicio militar], declarando que sus creencias no le permiten servir en el ejército. Esta solicitud fue rechazada y fue condenado a un quinto periodo en la cárcel, de 28 días.

El coronel que le condenó no le permitió hablar, pero aquí está lo que pretendía decirle (y lo que me pidió que distribuyera): «Según [un informe de] Amnistía Internacional, tan sólo durante los primeros siete meses de 2002, más de cincuenta niños menores de doce años han muerto a causa de los disparos del Ejército Israelí. Usted no ha condenado ni a uno sólo de los perpetradores de estos crímenes. Pero me está condenando a mí, por quinta vez, sólo porque me niego a tomar parte en tales acciones»[22].

A continuación se recogen algunos extractos de otra carta famosa, escrita a un general israelí por Yigal Bronner:

Querido general:

En la carta que me envía, escribe que «dada la guerra en curso en Judea, Samaria [Cisjordania] y la franja de Gaza, y en atención a las necesidades militares», soy llamado a filas para «participar en las operaciones del ejército».

[...] Le escribo para comunicarle que no tengo intención de atender a su llamada.

Durante la década de 1980, Ariel Sharon construyó docenas de colonias en el centro de los territorios ocupados, una estrategia cuyo objetivo último era la subyugación del pueblo palestino y la expropiación de su tierra. Actualmente, estas colonias controlan casi la mitad de los territorios ocupados y están asfixiando a ciudades y a pueblos palestinos, así como obstruyendo –si no prohibiendo completamente– la circulación de sus residentes. Hoy en día, Sharon es primer ministro, y en el último año ha estado avanzando hacia la etapa definitiva de la iniciativa que comenzó hace veinte años. Efectivamente, Sharon dio la orden a su lacayo, el ministro de Defensa [Benjamin Ben Eliezer] y de ahí fue descendiendo por la cadena de mando [...].

---

[22] Jonathan Ben Artzi comenzó a cumplir su séptima condena consecutiva a prisión en enero de 2003. Ha sido condenado a un total de 190 días.

Yo soy [un] artillero. Yo soy el pequeño tornillo en una máquina de guerra perfecta. Yo soy el último y más diminuto eslabón en la cadena de mando. Se supone que yo simplemente sigo órdenes: reducir mi existencia a estímulos y reacciones, oír el sonido «fuego» y apretar el gatillo, llevar el plan global a su realización. Y se supone que hago todo esto con la simplicidad y la naturalidad de un robot, quien –como mucho– siente el temblor estremecedor del tanque cuando se lanza el misil hacia el objetivo.

Pero como Bertolt Brecht escribió:

General, su tanque es más fuerte que un coche
Arrasa un bosque y aplasta a cien hombres
Pero tiene un defecto:
necesita un conductor.
[...]
General, el hombre es muy útil.
Puede volar y puede matar.
Pero tiene un defecto:
puede pensar[23].

Y efectivamente, general [...], puedo pensar [...]. Tal vez no sea capaz de mucho más que de eso. [Pero] puedo ver a dónde me está llevando usted. Me doy cuenta de que asesinaremos, destruiremos, llegaremos a herir y matar, y de que no hay un final en el horizonte. Sé que «la guerra en curso» de la que me habla se prolongará indefinidamente. Puedo ver que si las «necesidades militares» nos llevan a sitiar, a perseguir y a matar de hambre a todo un pueblo, entonces, hay algo en estas «necesidades» que está terriblemente equivocado.

Por lo tanto, estoy obligado a desobedecer a su llamada. Yo no apretaré el gatillo [...] así que, general, antes de deshacerse de mí, quizá también usted debería empezar a pensar.

Desde el comienzo de la Intifada de Al Aqsa, ha habido más de 180 reclutas que se han negado a prestar servicio en los territorios ocupados y muchos más que han firmado declaraciones juradas en las que se niegan a incorporarse en el caso de que sean llamados a filas. Es un número relativamente elevado pero no lo suficiente como para constituir una masa crítica que socavaría la lógica y la maquinaria de la ocupación. Estos objetores están or-

---

[23] Bertolt BRECHT, *Poemas y canciones*, Madrid, Alianza Editorial, 2002.

ganizados y reciben el apoyo de pequeños grupos de la izquierda radical[24]. Sin embargo, el partido de izquierdas Meretz y su vástago, el nutrido y bien acaudalado movimiento Paz Ahora, se han negado a apoyarles, afirmando que en un régimen democrático el rechazo al servicio militar no es sólo ilegal, sino inmoral[25].

No es necesario decir que este argumento es completamente absurdo y que no guarda relación con la realidad sociopolítica israelí. Su definición de la democracia israelí está condicionada nacional y religiosamente, comprendiendo únicamente a los judíos y excluyendo a los millones de personas que no son judías y que viven bajo el gobierno o el control de Israel. Hace mucho tiempo que Israel dejó de ser una democracia, desde el momento en el que dejó de considerar la ocupación como una situación temporal y comenzó a incorporar al Estado tierras ocupadas a la vez que excluía a los pobladores de las mismas de cualquier sistema que garantizara sus derechos humanos y civiles. Tal y como ha sido expuesto anteriormente, ya no se puede seguir considerando a Israel como una democracia liberal, puesto que se ha convertido en una democracia *Herrenvolk*. Aunque después de los Acuerdos de Oslo Israel comenzó un proceso de democratización, el mismo fue interrumpido después del asesinato de Rabin y los logros democráticos alcanzados bajo su gobierno fueron gradualmente desmantelados.

Así pues, cualquier acto no violento que aspire a terminar con la ocupación es, sin lugar a dudas, democrático. Lo que no consiguieron comprender la corriente dominante de la izquierda ni el movimiento por la paz cuando se negaron a apoyar y a legitimar a los objetores de conciencia fue precisamente esta cuestión cardinal. Así, por ejemplo, el 18 de diciembre de 2002 Amnistía Internacional difundió una nota dirigida al ministro de Defensa israelí:

> Los miembros de las FDI [Fuerzas de Defensa Israelíes] que cometen graves violaciones de los derechos humanos y crímenes de guerra,

---

[24] Entre estos grupos se encuentran, por ejemplo, el veterano Yesh Gvul («Hay un Límite», pero también «Hay una Frontera») y los recién formados Nuevo Perfil y Haometz Lesarev («El valor de negarse»).

[25] Normalmente, a éste se le añade el eterno argumento de «¿Y qué pasaría si los soldados con creencias religiosas o de derechas se negaran a obedecer las órdenes de evacuar los asentamientos o de retirarse de los territorios ocupados, basándose en su conciencia?».

como son matar a niños y a otros civiles desarmados, efectuar disparos indiscriminados y bombardear áreas residenciales densamente pobladas o volar viviendas con personas en el interior y dejarlas morir bajo los escombros, no están siendo llevados ante la justicia ni están siendo sometidos a las consecuencias que se derivan de sus actos [...]. Al mismo tiempo, los reclutas y los reservistas que se niegan a prestar servicio, precisamente para evitar participar en una política de tales características, son enviados a prisión. ¿Qué clase de mensaje está transmitiendo esta política a la sociedad israelí?

La valoración que hicieron los grupos pacifistas anteriormente mencionados fue que apoyar a los objetores de conciencia aumentaría en gran medida el fenómeno. Es difícil imaginar de qué forma manejaría el gobierno, y particularmente el estamento militar, a miles de objetores de conciencia y a sus apoyos familiares[26]. De hecho, esto supondría un giro espectacular en la cultura militarista israelí y requeriría el tipo de coraje moral y la disposición a asumir riesgos políticos de los que siempre ha carecido la izquierda israelí. La desobediencia civil, a una escala tan masiva, causaría una honda división en la sociedad israelí; sin embargo, sin una ruptura como ésta es difícil imaginar de qué modo podría ponerse fin al trágico punto muerto que se vive en estos momentos[27].

---

[26] Hay un gran número, aunque se desconoce la cifra exacta, de personas que rechazan veladamente prestar el servicio militar. Muchos de los que serían reclutas evitan presentar su rechazo como una declaración moral o ideológica y solicitan quedar exentos del servicio militar, principalmente, bajo la rúbrica de impedimentos médicos, personales o familiares. Los militares son plenamente conscientes de este fenómeno y normalmente conceden tales exenciones con el fin de no resaltar las objeciones morales o políticas. Después de todo, sería comprometido para el sistema encarcelar a miles de personas, la mayoría de ellas provenientes de familias de clase media profesionales y cultivadas, por negarse a cumplir con el servicio militar. La relativa levedad del castigo, normalmente 28 días de cárcel –algunas veces en varios periodos– y la exención si el hombre no quiere transgredir la norma reflejan la confusión del sistema militar para tratar con un fenómeno que no es habitual en el panorama cultural israelí. Normalmente los objetores ideológicos solicitan servir dentro de la Línea Verde o prestar un servicio nacional no militar (una opción abierta principalmente para las mujeres jóvenes religiosas), lo cual se les niega, acabando en consecuencia ante los tribunales.

[27] Normalmente un choque de valores de estas dimensiones, en este caso entre las interpretaciones cívicas y tribales del judaísmo, no puede resolverse sin alguna forma de guerra civil, pero el apoyo a la violencia indiscriminada ejercida contra población civil desarmada es básicamente inmoral. No obstante, Israel no puede permitirse una guerra civil, aunque haya estado implicada durante un largo

La intelectual israelí Tanya Reinhart estimaba que el «el campo ideológico de la paz» aglutina aproximadamente a un tercio de los ciudadanos israelíes, una cifra que probablemente incluye a los ciudadanos árabes israelíes, que en cualquier caso no son llamados a prestar el servicio militar. Los judíos ideológicamente partidarios de una retirada completa o casi completa de los territorios suman, aproximadamente, entre el 15 y el 20 por 100 de la población judía. Esta cifra no incluye a los separatistas, a quienes no les preocupan ni la coexistencia pacífica con los palestinos ni los asentamientos. Aunque el bando de la paz suponga una minoría, su debilidad no descansa en su número, sino en el hecho de que está integrada por activistas de sillón. La pequeña minoría que es activa –como los objetores de conciencia– son rápidamente tachados de izquierdistas radicales, incluso por parte de sus compañeros supuestamente izquierdistas. Sin embargo, si este grupo se hiciera tan activo como los colonos, quienes han hecho considerables sacrificios personales y colectivos y han asumido riesgos significativos para defender sus ideas, el resultado sería una desobediencia civil masiva que echaría por tierra todo el sistema de colonización y opresión. La mayor falta de Meretz como partido, y de Yossi Sarid personalmente, es ignorar a los objetores apoyados por grupos pequeños y radicales y, de este modo, perder la oportunidad de provocar una ruptura de gran trascendencia.

Otra oportunidad, pequeña pero simbólicamente importante, que se perdió fue cuando Meretz y el Partido Laborista dejaron de presionar al gobierno anterior para que ratificara el Estatuto de Roma por el que se creó el Tribunal Penal Internacional. Este tratado fue aprobado por 120 países, entre los que se encuentran Rusia, Francia y Gran Bretaña. Estados Unidos, China, Libia, Irak, Qatar, Yemen e Israel votaron en su contra. El Estatuto de Roma entró en vigor el día 1 de julio de 2002. Para poder participar en el nombramiento y en la elección de los jueces y de los fiscales, los Estados deberían haber completado el proceso de ratificación el día 31 de noviembre de 2002. Sin la ratificación, la firma del tratado es únicamente un acto de declaración

---

tiempo en una encarnizada, si no siempre explícita, *Kulturkampf* [lucha cultural]. La desobediencia civil masiva es lo contrario a una guerra civil pero tendrá las mismas repercusiones.

de intenciones[28]. Aunque Israel firmó el Estatuto de Roma del TPI el 31 de diciembre de 2000, la firma de un tratado internacional sólo indica que se está básicamente de acuerdo con él. La firma no es vinculante respecto a las disposiciones del tratado hasta que el Estado lo ratifique, algo que Israel todavía no ha hecho.

El Estatuto de Roma tipifica los crímenes de guerra como infracciones graves de la Cuarta Convención de Ginebra y también tipifica, *inter alia*, los crímenes contra la humanidad, los crímenes contra la paz y los crímenes de agresión. El estatuto establece que los crímenes de guerra son «violaciones graves de las normas y de las costumbres aplicables en conflictos armados internacionales, dentro del marco establecido por el derecho internacional»[29]. El estatuto es la culminación de los esfuerzos volcados para limi-

---

[28] Israel, junto con Estados Unidos, ha minado durante mucho tiempo los intentos internacionales para establecer un tribunal penal con jurisdicción internacional. En las discusiones entorno al TPI sostenidas en Roma, Estados Unidos requirió, por ejemplo que para que pudieran ser investigados por un fiscal del TPI, los Estados y los ciudadanos debían prestar su consentimiento. ¿Es posible imaginar lo que pasaría si el derecho estadounidense precisara el consentimiento de los presuntos delincuentes antes de ser investigados y procesados? Israel y Estados Unidos también temían que hubiera fiscales excesivamente escrupulosos y políticamente parciales que inventaran o tergiversaran denuncias contra ellos. Otra objeción descansaba en que el terrorismo no estuviese incluido en el Estatuto como crimen de guerra, probablemente porque su definición exacta es difícil y controvertida, al igual que la definición de terrorismo de Estado. Sin embargo, muchos de los artículos del Estatuto sí que recogen actos que tienen las características del terrorismo, como los crímenes de guerra, aunque el término *terrorismo* no se emplee a causa de las dificultades que plantea su definición.

[29] La lista de violaciones de las normas que regulan la conducta en la guerra es larga, pero seguidamente se recoge una lista de aquellas que parecen más relevantes en el contexto del conflicto palestino-israelí: 1) dirigir ataques intencionados contra la población civil como tal o contra civiles individuales que no participen directamente en las hostilidades; 2) dirigir ataques intencionados contra bienes civiles, esto es, bienes que no son objetivos militares; 3) dirigir ataques intencionados contra el personal, las instalaciones, el material, las unidades o los vehículos afectos a la asistencia humanitaria o a una misión de mantenimiento de la paz según lo previsto en la Carta de Naciones Unidas, siempre que las mismas tengan derecho a la protección otorgada a civiles o a bienes civiles con arreglo al derecho internacional en materia de conflictos armados; 4) desplegar ataques intencionados aun conociendo que tales ataques causarán pérdidas de vidas o la lesión de civiles, o que causarán daños a bienes civiles, o que causarán daños severos al medio ambiente, de gran alcance y a largo plazo, que pudieran ser claramente excesivos en relación con el beneficio global militar, concreto y directo, previsto con el ataque; 5) el ataque o el bombardeo, por cualquier medio, de ciudades, pueblos, viviendas o edificios que no estén defendidos y que no sean objetivos militares; el traslado, directo o indirecto, por parte de fuerzas de ocupación de grupos de su propia población ci-

tar la violencia que se produce en las guerras que comenzaron a mediados del siglo XIX y que fueron formalizados en las convenciones y los acuerdos internacionales celebrados en La Haya en 1899 y en 1907. El preámbulo del tratado de 1907 disponía que tanto «los habitantes como los beligerantes permanecen bajo la protección y el imperio de los principios del derecho de las naciones según se deriva de los usos establecidos entre los pueblos civilizados, de las leyes de la humanidad y de los dictados de la conciencia general».

Un verdadero movimiento de oposición, comprometido con los derechos humanos y con una ética universalista, no debería dejar escapar la oportunidad que brinda el Estatuto de Roma y la relevancia mundial que tiene para hacer consciente a la opinión pública israelí, y especialmente a los militares, de la naturaleza específica de los crímenes de guerra que se están cometiendo.

Hay muchas razones que dificultan seriamente que la sociedad israelí tome conciencia de estos crímenes. Muchos judíos creen que un ejército judío no podría nunca cometer crímenes de este tipo y que los crímenes de guerra y los crímenes contra la humanidad siempre se comenten contra los judíos, pero casi nunca por judíos. Si los militares israelíes hacen algo que no es completamente «conforme a las reglas», siempre cae bajo el amparo de la autodefensa o de la justa causa. Aunque no necesariamente de manera explícita o consciente, muchos piensan que después de todo el sufrimiento infligido a los judíos por los gentiles, los judíos están plenamente legitimados a ser crueles o autoritarios hacia los no judíos[30]. Un factor añadido es la tendencia habitual a conferir un carácter casi religioso y sagrado a los militares. Esta combinación de factores, lleva a los políticos y a los partidos políticos a rehuir los debates donde se traten los crímenes de guerra que puede que haya cometido Israel, una actitud que es comprensible pero no justificable. Por lo tanto, sólo un grupo pequeño pero que alza la voz, el Bloque de Paz encabezado por el veterano periodista e incorruptible activista por la paz Uri Avnery, ha intentado atraer la atención publica hacia el

---

vil a los territorios ocupados, o la deportación o el traslado de la totalidad o partes de la población de los territorios ocupados, dentro o fuera de los mismos.

[30] Uno de los mecanismos de justificación más abusivamente utilizados consiste en apelar a la memoria del Holocausto. Un argumento habitual en los debates internos entre los propios judíos cuando se discute sobre el conflicto entre los judíos y los no judíos reside en «hablar en nombre de las víctimas del Holocausto» o de los supervivientes.

nuevo Tribunal Penal Internacional y a su relevancia respecto a los actos de guerra cometidos por ambos lados en la disputa palestino-israelí, si bien sus esfuerzos no acaban de alcanzar el éxito anhelado. El Bloque de Paz no era tan ingenuo como para pensar que sería capaz de llevar a los oficiales y a los líderes israelíes ante el TPI (después de todo, a los victoriosos nunca se les juzga por crímenes de guerra), pero sí que esperaba hacer emerger la cuestión en la esfera pública y, quizá, disuadir de llevar a cabo algunas de las acciones perpetradas contra los palestinos, como la devastación causada a los habitantes de Yenín, las ejecuciones extrajudiciales, las detenciones masivas o la muerte por inanición de la población.

La cooptación del Partido Laborista durante el primer mandato de Sharon, los ataques indiscriminados sobre civiles israelíes en el interior del país y el fracaso de las conversaciones de Camp David llevaron a la fragmentación del campo de la paz y a la parálisis de la mayoría de sus miembros, pero también a la revitalización y a la radicalización de algunos grupos pequeños y de organizaciones humanitarias no gubernamentales. También dio como resultado la creación de docenas de grupos nuevos. Entre ellos está Taayush, un grupo sólido, fundado en octubre de 2000 e integrado por gente joven y estudiantes, tanto judíos como árabes, que organiza actividades humanitarias como proporcionar convoyes de ayuda para los palestinos necesitados, pero que también organiza protestas políticas o participa en las organizadas por otros grupos[31]. Paz Ahora, fundada a finales de la década de los setenta, se ha convertido en la organización paraguas de estos pequeños grupos. Cuenta con una secretaría y con algunos líderes y partidarios que en mayor o menor medida pertenecen a la corriente intelectual dominante (como el escritor Amos Oz y A. B. Yehoshua) pero carece de una agenda política acorde con los tiempos (aunque sus lemas están actualizados). Todos estos grupos pequeños y fragmentados rellenan el vacío de la izquierda dejado atrás por los partidos izquierdistas pero son impotentes para contrarrestar a los partidos de la derecha.

---

[31] En un impresionante libro de reciente publicación escrito en hebreo y titulado *¿Dónde estoy yo en esta historia?*, la activista por los derechos humanos Daphna Golan-Agnon escribe sobre las diversas actividades humanitarias, a favor de los derechos civiles y políticos, que ella misma junto con otras personas lleva a cabo. La doctora Golan-Agnon, profesora en la Facultad de Derecho de la Universidad Hebrea, también se detiene en el hecho de que un número aplastante de las personas que participan en estas ONG sean mujeres.

21

LA GUERRA DE GUERRILLAS NO VIOLENTA

Este penúltimo capítulo está dedicado a la reproducción de tres informes realizados por tres ONG distintas, junto a algunos fragmentos de un estudio dirigido por un equipo de investigadores palestinos en las comunidades. Los tres informes –realizados por testigos oculares, cada uno según su método de trabajo específico– demuestran que la actividad política se ha reducido al suministro de ayuda humanitaria localizada que proporcionan grupos israelíes e internacionales. Estas respuestas a la violencia pueden considerarse una forma de guerra de guerrillas no violenta contra el régimen de ocupación. Las actividades son llevadas a cabo por israelíes, por palestinos israelíes y por otros participantes. El estudio realizado por los investigadores documenta las profundas repercusiones sobre los escolares palestinos de la violencia generada por el politicidio actualmente en marcha.

Los tres informes comparten dos cosas: una es que todos ellos describen actividades específicas dentro del contexto general de la guerra intercomunitaria palestino-israelí, y la otra es que son testimonios contundentes e intensamente personales prestados por testigos oculares donde se despliega una sutil ironía respecto a la situación y al propio papel que juegan en ella los actores. La primera historia está tomada de un informe diario realizado por miembros de una ONG llamada Machsom Watch, una palabra híbrida tomada del inglés y del hebreo para designar Observación del Punto de Control. Supuestamente, los soldados situados en estos puntos controlan a todo palestino que quiera salir del territorio ocupado. La razón oficial de estos puntos de control es la de prevenir la entrada en Israel de terroristas, de terroristas suicidas y de otros sospechosos. En realidad, los controles no proporcionan una verdadera seguridad porque los palestinos que pretenden causar daños tienen más de cien maneras alternativas de entrar en Israel[32]. La Machsom Watch fue creada en febrero de 2001 por mujeres judías y palestinas voluntarias que observan estos puntos de control para evitar el acoso a los palestinos por parte de los soldados. Sin embargo, las propias observadoras son frecuentemente maltratadas por los soldados al frente de los puntos de control. Los informes que se reproducen a continuación apenas han sido sometidos a ningún trabajo de edición con el fin de preservar su autenticidad.

*

Informe núm. 1
Domingo por la mañana, 3 de noviembre de 2002, en Al Khader; controles de carretera y niñas de la escuela secundaria

Equipo: Chaya O., Lauren E., Maya R.

General: Aunque la semana en Israel estuvo marcada por el aplazado y tan conmemorable final de la coalición/consorcio gubernamental entre el Partido Laborista y el Likud y de las muy limitadas incertidumbres respecto a cómo terminará todo esto, en Palestina la semana estuvo marcada por más de lo mismo en términos de asesinatos, toques de queda, cierres y arrestos. Esta última cuestión entre las atrocidades debería recibir una especial atención: deberíamos tener presente que difícilmente pasa un día sin que se produzca la detención y el encarcelamiento de palestinos. Algunos días, el número añadido de prisioneros se amplía entre 3 y 5, otros días aumenta en varias docenas. La actual invasión de Yenín, que ahora cumple su segunda semana, ha dado como resultado una «cosecha» de más de 160 nuevos prisione-

---

[32] Sin embargo, algunos terroristas suicidas y otros agresores han atacado esos mismos puntos de control. Algunas personas sostienen que la verdadera razón para realizar los controles es calmar a la atemorizada población judía con la demostración de que las fuerzas de seguridad están protegiéndoles.

ros. Esto implica que los centros de retención israelíes se encuentran actualmente repletos de muchos miles de palestinos (creo que las cifras están más o menos entre las 7.000 y las 8.000, aunque puedo estar equivocada [Maya]), la mayoría de los cuales fueron arrestados después de la Operación Escudo Defensivo. Casi todos ellos no han sido llevados ante un tribunal, mientras que muchos otros fueron clasificados como «detenidos administrativos». Las familias de los encarcelados no tienen permitida la visita a los mismos; algunas, principalmente las de aquellos que fueron encarcelados durante las primeras fases de la Intifada o antes de la misma (prisioneros veteranos), hace más de dos años que no han visitado a sus hijos/hermanos/maridos/padres.

Actualmente, la demolición de viviendas se ha convertido en una práctica diaria de las FDI; también en este asunto, parece que el número total de las [demoliciones] producidas en los últimos meses sobrepasa la suma total de las viviendas demolidas desde el final de la primera Intifada. Si esta paz continúa, pronto no quedará mucho de Yenín [...].

Hebrón ha sido sometido a cuatro días consecutivos de toque de queda, es decir, antes, durante y después de la conmemoración del Shabbat Chayey Sarah [la recitación del Torá] por los colonos y por sus visitantes. Los preparativos militares dispuestos para permitir la satisfactoria celebración de la ocasión también afectaron al distrito vecino de Belén, que fue testigo de un cierre riguroso y de un aumento de la presencia militar desde el jueves hasta el sábado.

Nuestro turno:

Después de la llegada al cruce de Al Jáder y a sus controles de carretera (alrededor de las 7.20 h) nos percatamos de un «procedimiento» que todavía era desconocido para nosotras: dos soldados (regulares) que estaban de pie en el medio de una multitud de palestinos que intentaban entrar y salir de los controles de carretera ordenaron a estos transeúntes colocarse en filas mientras ellos procedían a un (breve) control de sus carnés de identificación. Algunas mujeres y ancianos se escabulleron del control y rodearon a los soldados, pero la mayoría se «sometió» sin hacer preguntas o algún signo perceptible de resentimiento. Un palestino y luego los propios soldados nos dijeron que la «razón» detrás de esta medida era un «aviso» [acerca de un posible terrorista suicida de esta región]. Hay que señalar que los soldados no estuvieron para nada bruscos y que lo hicieron lo mejor que pudieron para no retardar a la gente (no llevó más de unos segundos por persona mostrar la carta de identidad y seguir su camino). No obstante, la práctica, que ahora se ha vuelto más generalizada y está más establecida, de aplicar controles fronterizos sobre los palestinos que se desplazan dentro de los (apretados) confines de un sólo distrito de Cisjordania es totalmente vergonzosa.

A menos de cien metros hacia el este del cruce, en la improvisada estación de taxis y minibuses que está detrás del segundo control en la carretera, pronto nos enfrascamos en lo que empezó como una acalorada conversación con varios taxistas que cubren la ruta, en ambos sentidos, entre Al Jáder y Ramala. La situación de estos hombres era tan desesperada que algunos estaban a punto de estallar cuando nos acercamos a ellos con un espontáneo «buenos días». Resultó que su mañana no sólo era mala, sino que además había empezado a la 1.00 h, cuando se pusieron a la cola para el turno de [cada] día. A las 7.30 h, sin ni siquiera haber arrancado sus motores, algunos de ellos podían fácilmente haber roto a llorar. Al principio nos gritaron por practicar derechos humanos «a turnos», es decir, por no estar disponibles cuando y donde somos [las observadoras] más necesarias; o como ellos lo expusieron más claramente, en Wad al Nar los sábados por la mañana y los jueves por la tarde. El primer momento es cuando los empleados y los trabajadores de la parte sur de Cisjordania se dirigen hacia sus lugares de trabajo en los distritos de Ramala y de Jericó; el segundo momento es cuando regresan a sus casas para pasar el día de descanso semanal. El ejército y la policía de fronteras tienden a estar especialmente detestables en estas ocasiones, parando a los taxis durante horas (algunos contaban que se les había hecho esperar durante cuatro o cinco horas en el medio de este paraje yermo por el que pasa la carretera de Wad al Nar). Después de expresar sus quejas respecto a nuestra inutilidad, los conductores se calmaron y nos contaron su historia.

Los hombres con quienes estuvimos hablando forman parte de un grupo de aproximadamente quince taxistas del distrito de Hebrón. Todos ellos guardan agradables recuerdos de la época anterior a septiembre de 2000, cuando solían conducir por toda el área, cubriendo las rutas desde el sur de Hebrón en la zona sur hasta Yenín en el norte y el puente Allenby [sobre el río Jordán, la frontera entre la orilla oeste y la este] en el este, así como también, ocasionalmente, en el propio Israel. Aunque las tasas impuestas por la ANP en aquella época eran altas, según ellos conseguían sacar no menos de 8.000 *shekels* [aproximadamente 1.376,15 €] al mes. Poco después del comienzo de la Intifada y de la entrada en vigor de la política de cierre total, como hemos reiterado en nuestros informes una y otra vez, ya no se les permitió conducir sobre las principales carreteras ahora «sin árabes» y fueron obligados a limitarse a circular por las carreteras internas (a menudo sin asfaltar) y secundarias, que aun así están sembradas de numerosos puntos de control, de controles de carreteras y de obstáculos. Para poner fin a una historia que se prolongó durante dos años, estos quince taxistas decidieron alquilar juntos una casa en Al Jáder (cerca del control de carretera). Dado que el número de pasajeros que viajan diariamente fuera del distrito se ha reducido a niveles sin precedentes (a consecuencia de las infinitas dificultades encontradas en el camino, así como de la crisis económica, la mayoría de las personas no puede permitirse pagar el precio de 15 *shekels* que cuesta un viaje de Al Jáder a Ramala), no se garantiza más de un viaje al día (de una parte a otra) por conductor. E incluso esto requiere ponerse a la cola de antemano y otra serie de preacuerdos entre los taxistas para eliminar la competencia y las disputas.

Con lo cual, basta con imaginarse lo que significa empezar el día a la 1.00 h y esperar, a veces durante siete, ocho o incluso doce horas para una carrera que puede durar perpetuamente, dado el calvario de Wadi-Nair [este nombre significa un vuelco rápido de la tierra]. En efecto, pasan casi todo el día y la noche alrededor de la «estación»; allí es donde pueden comerse un falafel excesivamente grasiento y no demasiado limpio, allí se toman un café amargo y allí permanecen y charlan eternamente. Al final de la tarde, se retiran a su casa alquilada para reaparecer pocas horas más tarde. Al final de cada semana, vuelven a casa con sus familias para pasar el día de descanso. Yúsef, el conductor que nos contó la mayor parte de la historia, es padre de diez hijos en [el pueblo de] Yata. Estimaba que todos sus ingresos mensuales, después de todas estas calamidades, oscila entre 1.000 [183,48 €] y 1.500 *shekels* [275,22 €] y en ningún caso supera los 2.000 *shekels*.

Dejando a los taxistas, nos dirigimos con el corazón encogido hacia las chicas de la escuela secundaria, donde tan pronto como entramos en el patio de recreo tuvimos la suerte de ser abordadas por la directora del colegio, Umm Shadi. Con ella estaba una mujer elegantemente vestida, que resultó ser la supervisora de educación física para la región de Belén del Ministerio de Educación. Tanto la directora como la supervisora estaban ansiosas por hablar con nosotras y Umm Shadi se puso enseguida a relatar los acontecimientos de ayer (sábado, 2 de noviembre), que comenzaron cuando el ejército reparó en lo que le pareció un vehículo sospechoso que estaba aparcado cerca del «club» Al Jáder, no lejos del colegio de las chicas, y decidió volarlo sin dilación y sin ningún tipo de aviso (ni siquiera trataron de hacer averiguaciones sobre el propietario). Umm Shadi se apresuró a calmar a las niñas con antelación. Sin embargo, poco después de que estallaran los explosivos, y sin razón aparente, los soldados comenzaron a lanzar gases lacrimógenos en las inmediaciones del colegio. El viento trajo nubes de gas al patio de recreo, donde las chicas acababan de empezar la hora de gimnasia, y poco después llegaron a las clases. Umm Shadi corrió a encerrar a tres profesoras embarazadas en una habitación trasera, desde la cual se dio prisa para proteger a las niñas, ya que muchas de ellas sentían mareos y dolores. Aunque se las arregló para calmar a todo el mundo, fue imposible retomar las clases en aquella atmósfera y Umm Shadi dejó marchar a las niñas.

Una vez relatados estos detalles, Umm Shadi y Rabiha Atallah (la supervisora), ahora también se había unido la profesora de gimnasia (Jawla), estaban felices de pasar a temas relativamente más agradables que trataban desde la gimnasia hasta el dominio de las lenguas, pasando por las diferencias entre [Shaul] Mofaz [el recién nombrado ministro de Defensa y el anterior jefe del Estado Mayor] y [Benjamin] Ben Eliezer. Las tres pertenecen a una segunda generación (o tercera en el caso de Jawla) de refugiados –la familia de Umm Shadi es originaria de Ein Karem [un barrio de Jerusalén occidental], Rabiha es de Zakaria y Kuala de Jura (cerca de Moshaz Ora)– y son extremadamente enérgicas y comprometidas, y todas están ansiosas por potenciar el contacto y la cooperación.

*

El siguiente informe fue escrito por Sylvia Piterman y tiene la forma de una carta a su hijo, redactada después de participar en una campaña de recogida de aceitunas. Los meses de octubre y de noviembre son la temporada de la recogida de las aceitunas. Los olivares son un cultivo de gran importancia en Palestina y constituyen la base de numerosas industrias tradicionales de los pueblos, donde se prensa y se hace jabón, perfume y otros productos. En el otoño de 2002, los colonos judíos decidieron demostrar su título de propiedad sobre la tierra expulsando de allí a los aldeanos y recogiendo ellos mismos las aceitunas. Varios grupos por la paz israelíes, principalmente bajo la guía del activista de Paz Ahora Yaakov Manor, de los activistas del Bloque de Paz Adam Keller y Yehudith Harel y de otros miembros de Taayush, decidieron ayudar a los campesinos palestinos a los que se les había robado sus cultivos.

Informe núm. 2
15 de noviembre de 2002

Querido hijo:

Ayer, fuimos una vez más a una misión de recogida de aceitunas en los territorios ocupados, fue la única vez en la que ha supuesto un riesgo para nuestras vidas. Estábamos diez de nosotros, israelíes e internacionales, más el conductor, un palestino de Jerusalén oriental. Efectivamente, éramos un grupo minúsculo, lo que estaba bien, ya que en las últimas semanas los grupos más grandes en los que participé eran detenidos por el ejército y muchas veces se llegaba muy tarde a los pueblos [...]. Nos dirigíamos a Ein Abus, un pequeño pueblo situado a poca distancia de Itzhar; un asentamiento conocido por el extremismo de sus habitantes.

Cuando llegamos a Ein Abus, el altavoz sobre el minarete de la mezquita difundió la noticia de que un grupo de voluntarios por la paz estaba dispuesto y listo para enfrentarse con las dispuestas y listas aceitunas de los campesinos. Fuimos divididos en dos grupos y nos dirigimos a distintos olivares. Sólo unos pocos palestinos del pueblo se unieron a nuestro pequeño grupo: una mujer de mediana edad (madre de doce niños), su anciana madre, un niño montado en un burro y otro chaval. Nuestro conductor también se unió al grupo y era el único de nosotros que hablaba tanto árabe como hebreo.

Habíamos caminado durante cerca de diez minutos cuando le vimos por primera vez y era, obviamente, un colono que estaba de pie en la cima de la colina. Nos gritó en hebreo, exigiéndonos que volviéramos al lugar de donde veníamos. Continuamos andando hacia el olivar y, entonces, el colono comenzó a dispararnos. Nos dio tanto miedo que nos tendimos a ras del suelo. El jefe de nuestro grupo, Hillel, utilizó su teléfono móvil para llamar al ejército, a la policía, a la radio y a quienquiera que pensara que podía ser de ayuda.

Luego, pareció que el colono había parado de disparar y nos levantamos. Los palestinos, a petición nuestra, se marcharon a una parte que no era visible desde el otro lado de la colina. Nos dieron los sacos y una gran pieza de tela fuerte impermeable (o lona) para que la pusiéramos en el suelo, bajo los árboles, para coger las aceitunas que ya se hubieran caído y continuamos ascendiendo hacia el olivar. Finalmente, llegamos a los olivos y comenzamos a recoger aceitunas.

Pero al poco tiempo nos dimos cuenta de que una docena de colonos estaba viniendo hacia nosotros desde el lado opuesto de la colina. Una vez que estuvieron lo suficientemente cerca de nosotros comenzaron a gritarnos y a lanzar disparos al aire. Nos insultaron y nos llamaron nazis. Les ignoramos y continuamos recogiendo aceitunas, mientras que el jefe de nuestro grupo llamaba al ejército y a la policía pidiendo que nos protegieran de los colonos. Entonces, uno de los colonos nos pidió en tono autoritario nuestros carnés de identidad. Le preguntamos si tenía un carné de identificación de la policía, que obviamente no tenía. El colono nos dijo que la próxima vez que viniésemos nos mataría.

Los colonos, que llevaban las cabezas rapadas cubiertas con grandes solideos y tenían largos mechones a los lados de sus caras, estaban enloquecidos por su incapacidad para hacer que nos retiráramos. Intentaron atemorizarnos, sobresaltándonos y echando mano a sus pistolas. En cierto momento se fueron descendiendo por la colina y nos temimos que atacaran a los palestinos que estaban camino abajo, así que dos de nosotros fuimos a avisarles, pero no hacía falta. Ya se habían ido corriendo.

Finalmente, llegaron los militares: como era obvio, tres soldados jóvenes. Nos dijeron que nos marchásemos inmediatamente, ya que no teníamos permiso del ejército para estar allí. Nos negamos a marcharnos, diciendo que sí que teníamos permiso y les instamos a comprobarlo. En todo momento continuamos recogiendo aceitunas, así que los soldados nos dijeron que si no abandonábamos inmediatamente el lugar, llamarían a la policía y seríamos arrestados. Nosotros seguimos recogiendo aceitunas.

Entonces, el otro grupo de voluntarios, encabezado por Yaakov, uno de los líderes de la campaña de recogida de aceitunas, apareció en «nuestro» olivar. Resultó que un miembro de su grupo había sido alcanzado en la cabeza por una piedra lanzada por un colono y había sido llevado al hospital en ambulancia. Su grupo decidió no seguir por más tiempo y retroceder hacia nosotros. La verdad era que no quedaban demasiadas aceitunas en el olivar: los colonos ya habían sacudido los árboles y se habían llevado las aceitunas. Pusimos las que habíamos recogido en varios sacos y las bajamos por la colina hacia el pueblo. Cuando regresamos al pueblo, los palestinos nos recibieron muy calurosamente. Y aunque no podíamos hablar con ellos, el lenguaje corporal bastaba para decirnos que sentían un gran aprecio hacia nosotros.

Esta mañana un grupo de sesenta voluntarios regresamos a Ein Abus para completar el trabajo que no pudimos hacer ayer [...]. En el olivar había muchos soldados de las FDI, encabezados por un capitán de la reserva, que se unieron a nosotros. Quedaban muy pocas aceitunas en los árboles que había allí. En efecto, parecía que los colonos habían hecho un trabajo bastante exhaustivo en los mismos. Y yo no pude resistirme a preguntarle al capitán si, en su opinión, era justo que los campesinos no pudieran recoger sus aceitunas de los árboles a menos que un grupo de voluntarios viniera en su ayuda obligando, de este modo, al ejército a protegernos de los colonos.

El capitán estuvo muy amable, casi encantador, y me aseguró que si los aldeanos hubieran solicitado la protección del ejército, se les habría concedido. Pero que, simplemente, ellos no la habían pedido. Lamentablemente, no había ni pizca de verdad en lo que me decía. La verdad es que el ejército había estado compinchado con los colonos, impidiendo a los campesinos llegar a sus olivares utilizando todo tipo de excusas. El capitán hizo hincapié en que había un peligroso grupo de Hamás en el pueblo y en que ésa era la razón de que los colonos necesitaran pistolas. Curiosamente, el ejército no pensó en que necesitásemos que nos acompañaran para protegernos de ese peligro cuando hoy y el día anterior fuimos al pueblo.

También le pregunté al capitán qué hacían allí los colonos. Dijo que la presencia de los colonos en aquellas colinas era una cuestión política que se decidiría el 28 de enero [el día de las elecciones][33]. Dado que este capitán es uno de los asesores de Sharon, esto significa que si Sharon gana las elecciones, entonces Itzhar, Itamar, Tapuach y Hebrón [los asentamientos más extremistas de Cisjordania] no quedarán incluidos en las «dolorosas concesiones por paz» [la expresión utilizada por Sharon]. Lo cual significaría un periodo de interminable combate y de declive económico.

Como sabes, hijo, mis visitas a Ein Abus me dejan enfadada y frustrada hasta no poder más, y todavía no sé qué hacer con esta rabia y con esta frustración. ¿Tienes algún buen consejo para mí?

Con amor, Ima.

---

[33] La autora de este testimonio en primera persona contó al autor de este libro lo siguiente: «En otra ocasión, el ejército nos detuvo y montó una escena como si hubiera encontrado explosivos en un coche. Esperamos durante más de cuatro horas y llegamos al pueblo a las 15.00 h. A esa hora del día, no puedes hacer mucho. No obstante, nosotros, el grupo de Jerusalén, fuimos a Kafr Yanum y ayudamos a una familia a recoger sus aceitunas [...], aquellos fueron los explosivos más famosos «encontrados» durante la Intifada. Fueron divulgados por la radio en incontables ocasiones y *Haaretz* les dedicó media página» (3 de noviembre de 2002).

En Norteamérica, muchos grupos cristianos protestantes se reconocen partidarios incondicionales de Israel e, incluso, sionistas cristianos. Sin embargo, otros cristianos han dedicado su vida a proporcionar ayuda humanitaria a los palestinos. Una de esas ONG es el Grupo Pacificador Cristiano, una iniciativa ecuménica que trabaja en misiones de paz por todo el mundo. El GPC está patrocinado por los menonitas, el Encuentro de Hermanos y Amigos. A continuación se recoge uno de sus informes.

*

Informe núm. 3

Últimas noticias de Hebrón. Lunes, 18 de noviembre de 2002

Toque de queda en toda la ciudad [de Hebrón]. El equipo recibió muchas llamadas telefónicas de familias que no tenían alimentos debido al toque de queda estricto. El equipo realizó excursiones al exterior para comprar comida en lugares que sabía que estarían abiertos para luego repartirla, principalmente pan y leche, a diversas familias del área.

Greg Rollins y John Lynes llevaron a un visitante de B'Tselem, el grupo de derechos humanos israelí, al barrio de Yabel Yohar para ver el lugar donde se produjo el tiroteo el 14 de noviembre. Los colonos habían instalado unas cuantas tiendas en el área y el ejército había comenzado a colocar muros a lo largo de la carretera que lleva al lugar del tiroteo. Rollins, Sue Rhodes y otros dos visitantes entregaron más comida en las casas de la gente. Al pasar el punto de control instalado en la calle de Duboyya, vieron a un hombre palestino que eran detenido junto a su hijo. Los soldados cogieron al hombre cuando llevaba a su hijo al médico. Los miembros del GPC llevaban veinte minutos suplicando a los soldados que permitieran al hombre y a su hijo irse a casa.

Leanne Clausen recibió la información de que veinte familias en Wadi Rus, en el valle de Beqaa y en el barrio de Yabel Yohar habían recibido nuevas órdenes de demolición de sus casas. Las familias que recibieron estas órdenes no estaban vinculadas al ataque, pero sus casas estaban en el camino de la «zona de protección» propuesta que se estaba extendiendo alrededor de Kiryat Arba [una ciudad de colonos cerca de Hebrón]. Rollins acompañó a un amigo del equipo a rescatar a su hermano, que se había quedado solo y sin transporte en una gasolinera cercana al punto de control militar recientemente instalado en Hebrón. En el camino, escucharon que se había declarado el toque de queda durante algunas horas en ciertas partes de H1 [una zona que supuestamente está bajo control palestino, cerca del asentamiento judío]. El toque de queda en H2 [la zona alrededor de la llamada Cueva de los Patriarcas, bajo control israelí] se había declarado entre las 20.30 h. y las 23.00 h.

El traductor del equipo nos llamó e informó de que los soldados estaban entrando en las viviendas de su barrio. Un soldado ordenó a una anciana que no le mirara. Como ella no le obedeció, le arrojó un par de zapatos. Clausen se quedó al teléfono con el traductor hasta que Mary Lawrence y Kristen Anderson pudieron llegar a la casa. Clausen escuchó a los soldados agredir verbal y físicamente a la gente que estaba dentro de la vivienda. Los soldados abandonaron la casa poco después de que llegaran Lawrence y Anderson.

Muchas familias y dos traductores del equipo contaron al GPC que el ayuntamiento de Hebrón normalmente envía alimentos de emergencia durante los toques de queda, pero que los militares israelíes les han prohibido hacerlo, amenazándoles con dispararles si lo intentan[34]. El GPC se ofreció a acompañar a los trabajadores a hacer los repartos si ellos estaban dispuestos a intentar salir.

Alrededor de las 17.00 h, una familia [palestina] que vivía cerca de Kiryat Arba llamó al equipo en estado de pánico, diciendo que los colonos habían rodeado su casa y estaban apedreándola (la familia temía por sus vidas). Lawrence, Mary Yoder, Rhodes, Anderson, Lynes y Jerry Levin acudieron rápidamente a la casa. Clausen y Christine Caton llamaron a la policía de Kiryat Arba, pero ésta colgaba el teléfono una y otra vez. Entonces, Clausen llamó a algunos amigos israelíes del equipo para que se pusieran en contacto con la policía con el fin de pedir ayuda para la familia. Cuando los miembros de equipo de GPC llegaron a la casa, vieron un circulo de jeeps del ejército delante de la misma y a los colonos apartados a un lado. La familia les dijo que los soldados habían sofocado el ataque pero que cuando se fueran los soldados, probablemente, los colonos iban a empezar de nuevo. Los miembros del grupo decidieron que pasarían la noche con la familia.

A las 21.30 h, Rollins y un traductor del equipo fueron a la calle Salam para recoger a su sobrino. En el camino de regreso, encontraron verduras en el Bab Zaweyya y el traductor del equipo las cogió para las familias palestinas de la Ciudad Vieja.

---

[34] Las fuerzas de ocupación deben garantizar a la población de los territorios ocupados el acceso a la comida, la asistencia médica y la ayuda humanitaria según lo dispuesto en la Cuarta Convención de Ginebra.

Miércoles, 20 de noviembre de 2002

Toque de queda en toda la ciudad. Lawrence, Yoder y Rhodes continuaron la distribución de comida en la Ciudad Vieja y en la zona H2 de Hebrón. Rollins se encontró con un grupo del Programa de Acompañamiento del Consejo Mundial de Iglesias Ecuménicas, que ese día venían a visitar al equipo. A las 11.00 h Anderson, Caton, Levin y Lynes respondieron a una llamada acerca de una casa pendiente de demolición en la zona de Al Manara en Hebrón. Clausen contactó con el Comité Israelí Contra la Demolición de Casas (CICDC), que afirmó que el Tribunal Superior [de Justicia] de Israel había concedido el permiso para la demolición de las casas de militantes. El ejército israelí voló la parte superior de la casa donde había vivido, junto a su familia, uno de los francotiradores del 15 de noviembre. La familia esperaba que esto ocurriera y había sacado sus pertenencias de la casa. Luego los soldados provocaron una segunda explosión en la casa para asegurarse de que la parte superior quedaba totalmente destruida.

Jueves, 21 de noviembre de 2002

Toque de queda en toda la ciudad. Levin, Rollins, Rhodes y Lynes, junto con miembros del CICDC, fueron a pasar la noche con palestinos en Yabel Yohar. Los soldados israelíes ya habían demolido la pared de la cocina de una de las casas con una apisonadora y decían que por la mañana se demolería toda la casa. Los soldados ordenaron a Levin, Lynes y Catherine Maycock así como a Jeff Halper, del CICDC, que se marcharan, prometiéndoles que protegerían la casa de los colonos. El grupo fue capaz de pasar la noche en otras dos casas palestinas. No se registraron incidentes con los colonos.

Viernes, 22 de noviembre de 2002

Toque de queda en toda la ciudad. Un abogado israelí del CICDC obtuvo un auto judicial por el que se aplazaba la demolición de una casa que el ejército israelí amenazaba con destruir. Clausen y Anderson repartieron comida en la zona de Yabel Yohar. En el camino, descubrieron a soldados israelíes deteniendo a unos veinte hombres palestinos que llevaban allí un buen rato. Los miembros de GPC pasaron por allí, saludando a los soldados y a los hombres detenidos. Después de entregar los alimentos, observaron que se dejaba marchar a todos los hombres menos a tres. Los miembros del GPC se quedaron en la zona hasta que los tres fueron liberados y los soldados se marcharon. Anderson, Rhodes, Levin y Yoder durmieron en casas junto con el grupo israelí. Los miembros del GPC observaron que los soldados israelíes aparecieron para mantener a los colonos bajo control.

*

Finalmente, esta última parte del capítulo reproduce un fragmento de un estudio dirigido por un equipo de investigadores de campo en comunidades dependiente de la Universidad de Bir Zeit, que realizaron una serie de investigaciones sobre las repercusiones de las diversas incursiones israelíes en la vida de la comunidad y en los servicios sociales de la misma[35]. Una parte de su informe describe las repercusiones en la enseñanza:

El último año académico [2001-2002] fue especialmente traumático en la medida en que la nación [palestina] se vio arrastrada por una espiral de pobreza, mientras la destrucción del entorno y de las infraestructuras, la demolición de las residencias y de las instituciones, la impotencia, el daño, la muerte y el arresto de los seres queridos, así como la reocupación por los militares israelíes de toda Cisjordania, se convertían en una nueva forma de vida vigente hasta el día de hoy. El sistema escolar no estuvo a salvo de esta destrucción. Al final del año escolar 2001-2002, el Ministerio de Educación calculó que se había matado a 216 estudiantes, 2.514 habían sido heridos y 164 arrestados; se había acabado con las vidas de 17 profesores y personal del sector educativo y 71 de ellos habían sido arrestados; y 1.289 escuelas fueron cerradas por al menos tres semanas consecutivas durante la invasión israelí entre el 29 de marzo y el final del año escolar. Aproximadamente, al 50 por 100 de los escolares y a 35.000 empelados del sector educativo se les impedía llegar a sus escuelas. Bastantes grupos de profesores y estudiantes fueron incapaces de desplazarse entre las zonas rurales y entre los centros urbanos durante el periodo anterior y posterior a la invasión.

---

[35] El equipo investigador estaba formado por Rita Giacaman, Anita Abdallah, Rula Abu Safie y Luna Shamie, quienes también escribieron los informes. Los fragmentos que se reproducen están recogidos de un informe titulado «Schooling at Gunpoint: Palestinian Children's Learning Enviroment in War-Like Conditions» [«Enseñanza a punta de pistola: el entorno educativo de los niños palestinos en estado de guerra»], fechado el 1 de diciembre de 2002.

Los estudiantes del último año de la escuela secundaria de *tawyihi* [bachiller] sufrieron especiales dificultades durante todo el año de preparación y las fechas programadas de exámenes se vieron afectadas por operaciones militares y pospuestas durante casi un mes. La mayor parte de esos niños, especialmente en el norte de Cisjordania, pasaron los dos o tres meses de su prolongado «descanso de verano» encerrados en sus casas bajo estrictos toques de queda y cierres externos. Muchos barrios, especialmente aquellos centros urbanos con una mayor densidad de población, los campos de refugiados y los pueblos pobres sufrieron repetidamente incursiones militares, bombardeos, ejecuciones extrajudiciales, además del asesinato y la agresión indiscriminada de civiles (casi la mitad de ellos niños), así como intrusiones nocturnas de soldados en domicilios, arrestos y un trato brutal hacia miembros de las familias. Ha habido una continua destrucción de hogares, de la agricultura y de otras propiedades privadas y públicas como tiendas, oficinas, talleres e instituciones de asistencia.

Más adelante, el apartado concluye con las siguientes palabras:

Como demuestra este informe sobre la situación de la enseñanza, las repercusiones del ataque violento israelí durante el último año escolar sobre los escolares sobrepasan los efectos del daño en las infraestructuras de su hábitat, tanto en la escuela como en el hogar, y han tenido una profunda influencia negativa en la capacidad de los niños para aprender, en su sensación de seguridad, en su salud mental, en su dignidad y, de hecho, en sus conciencias. Estos niños han sido violados en todos los sentidos y están creciendo siendo dominados por un sentimiento de odio que sólo puede predisponerles a lo que se denomina «una tendencia hacia el comportamiento violento». Efectivamente, el comportamiento violento no es una predisposición genética sino que es socialmente construido. En el caso palestino, la construcción de la violencia empieza y termina con la ocupación militar israelí.

CONCLUSIÓN

UN POLITICIDIO ESTÁ EN MARCHA

En el primer capítulo de este libro se analizaba la crisis permanente que ha constituido un rasgo inherente del Estado israelí desde 1967 y las contradicciones lógicas e ideológicas de la derecha de este país. Las únicas soluciones que se plantean a esta crisis y a estas paradojas –el deseo de poseer toda la Tierra de Israel sin habitantes palestinos amenazando el carácter judío del Estado– son deshacerse de esta población indeseada o bien, alternativamente, replegarse a las fronteras de 1967 y tal vez, incluso, ceder parte de la Baja Galilea, que presenta un elevado índice de población árabe. En otras palabras, una limpieza étnica, parcial o completa, es la respuesta inequívoca a la intolerable disonancia existente en la ideología de la derecha entre la realidad deseada y la existente. La otra posible solución aceptable para la mayoría de los judíos israelíes es una concesión territorial de mayor alcance bajo ciertas condiciones. La crisis hunde sus raíces en el hecho de que el sistema político y cultural israelí no es capaz ni de conducir una limpieza étnica a gran escala de la zona ni de negociar una verdadera concesión aceptable para la mayoría de los palestinos.

Aunque las actuales constricciones políticas y morales no permitirán una limpieza étnica en estos momentos, hay varios factores que han aumentado las probabilidades de que se produzca en el futuro. Actualmente, la opinión pública israelí –contrariamente a lo que ocurría en un pasado no tan lejano– considera la «transferencia» de la población palestina, el eufemismo hebreo para referirse a la limpieza étnica, como un tema de discusión legítimo[1]. Por ejemplo, el rabino Benny Elon, actual ministro de Transportes, en representación del Partido de Unión Nacional (que cuenta con ocho escaños en la Knesset), ha expresado en repetidas ocasiones la opinión de que el traslado no es sólo una opción viable y una condición necesaria para la supervivencia del Estado judío, sino también una opción humana, ya que la repatriación a tierras árabes libra a los palestinos de la miseria de vivir bajo el gobierno judío o de morir en operaciones militares.

El propio Sharon se ha rodeado de oficiales y de asesores que aparentemente comparten estas opiniones extremistas, como el ministro de Defensa, Shaul Mofaz, y el jefe del Estado Mayor, Moshe Yaalon[2]. De este modo, la posibilidad de que Ariel Sharon esté preparando un gran plan, al igual que hizo en 1982, o quizá varios, no puede descartarse. Su plan no sólo incluiría medidas drásticas para aplastar la lucha armada palestina y prevenir los atentados terroristas, sino que resolvería, de una vez por todas, la contradicción inherente fundamental presente en las ideologías de la derecha y del fundamentalismo religioso, haciendo realidad

---

[1] Durante el último año, los partidos de derechas israelíes han extendido los rumores sobre un plan detallado para proceder a la limpieza étnica. Además, los palestinos y algunos intelectuales israelíes han advertido acerca de esta posibilidad. Un ejemplo lo constituía una entrevista concedida por Benny Elon al semanario de derechas *Makor Rishon*, en la que discutía acerca de las conversaciones secretas mantenidas entre Estados Unidos e Israel respecto al reasentamiento de cientos de miles de palestinos en Irak, como parte de lo que se figura como el nuevo orden impuesto en Oriente Próximo tras la invasión estadounidense de Irak. En general, el apoyo entusiasta de Israel a la campaña de la Administración de Bush contra Irak se contempló en el contexto de una guerra regional, en el que los líderes israelíes creyeron que la guerra distraería a los medios de comunicación mundiales y les permitiría manejar las cuestiones palestinas más fácilmente y emplear medidas más drásticas.

[2] Durante sus mandatos coincidentes –Mofaz como jefe del Estado Mayor y Sharon como primer ministro– Mofaz se ha lamentado en muchas ocasiones, incluso en público, de que el primer ministro no otorgara vía libre a los militares para aplastar a los palestinos y deshacerse de Arafat. En una ocasión en la que Mofaz no ejecutó una decisión tomada por el gabinete, Sharon explotó en cólera, diciéndole a Mofaz: «Hay un gobierno en Jerusalén». Los desacuerdos existentes entre los dos hombres no hacían pensar que después de que Benjamin Ben Eliezer dejara el gobierno de unidad nacional Sharon nombraría a Mofaz para reemplazarlo. Algunos analistas concluyen que Sharon necesitaba evitar que Mofaz se uniera a un partido radical como el de Unión Nacional.

su sueño de purgar de árabes la «Tierra de Israel». Después de todo, Israel, en su corta historia, ya ha establecido un precedente para la limpieza étnica.

Efraim Halevy, asistente inmediato de Ariel Sharon, antiguo jefe del Mosad y actualmente director del Consejo de Seguridad Nacional de Israel, dijo durante la anteriormente mencionada conferencia de Herzliya que las reglas de combate deberían cambiarse porque la *amenaza* de que se produzcan actos de «megaterrorismo» contra Israel puede ser interpretada como una tentativa de cometer politicidio contra el pueblo israelí y minar la propia fundación y la existencia del Estado[3]. Si los palestinos continúan con sus actividades terroristas, añadió, hay una posibilidad real de que el movimiento nacional palestino sea eliminado. En tales circunstancias, el mundo comprenderá y apoyará las medidas tomadas por los israelíes. Halevy no explicaba a qué medidas se refería.

La posibilidad de llevar a la práctica medidas incluso más extremas contra los palestinos se ha visto sumamente incrementada por uno de los logros más impactantes de Sharon, esto es, el vínculo que ha forjado entre la lucha palestina local por la autodeterminación, que ha utilizado el terrorismo, con la movilización estadounidense contra el terrorismo mundial. Explotando la tragedia del 11 de Septiembre, Sharon se apresuró a declarar que «Arafat es Bin Laden». Los analistas y expertos israelíes consideraron esta comparación ridícula y perniciosa, pero la subsiguiente adopción de la comparación tanto por la Administración de Bush como por la opinión pública estadounidense demuestra una vez más la superioridad del instinto político de Sharon. Esto le proporcionó la cobertura para recuperar la mayor parte de las ciudades palestinas y de los campos de refugiados así como para socavar, *de facto,* la legitimidad tanto interna como internacional de la autoridad palestina y destruir su infraestructura material y humana.

---

[3] Comúnmente, el megaterrorismo se refiere a un acto que puede causar muchos miles de víctimas y la destrucción masiva de inmuebles y de infraestructuras, con mayor probabilidad por un ataque con armas químicas o biológicas, pero también podría tratarse de un ataque espectacular como el fracasado intento de atacar un avión de pasajeros en Kenia con un misil tierra-aire. A principios de 2002, se informó de que una tentativa de megaterrorismo había sido abortada cuando los oficiales de seguridad detectaron un dispositivo explosivo colocado en un camión cisterna que estaba a punto de entrar en las instalaciones de un depósito de petróleo en una región central y densamente poblada de Israel.

No cabe la menor duda de que el deber prioritario de todo Estado radica en proteger a sus ciudadanos civiles utilizando todos los medios legítimos, incluyendo el uso de la fuerza militar. Desde este punto de vista, las operaciones militares israelíes podrían considerarse completamente justificadas y justificables, es decir, si sus objetivos estuvieran limitados a disuadir de que se comentan futuros ataques contra la población civil judía y a eliminar a los terroristas y a los grupos terroristas. Sin embargo, este razonamiento parece algo engañoso y está fuera de contexto en la medida en que no toma en consideración la violencia inherente que comporta ocupar un territorio y oprimir durante décadas a su pueblo. El argumento de que la reocupación de los territorios palestinos estaba dirigido exclusivamente a proteger a los ciudadanos israelíes de actos terroristas guarda un enorme parecido con los objetivos declarados de la Operación Paz para Galilea, porque los fines reales de ambas operaciones contradecían la meta legítima de garantizar la seguridad de los ciudadanos del Estado. Los auténticos fines de la reocupación se revelan en el *modus operandi* de los diversos cuerpos de seguridad, cuyas acciones estaban explícitamente concebidas para irritar a los palestinos y para exacerbar su odio y su deseo de venganza. Lo único a lo que pueden conducir estas políticas es a producir más terrorismo y más violencia, especialmente si consideramos que no se ha dado ninguna razón a los palestinos para albergar esperanzas de que se produzca un acuerdo inmediato y razonable. Esto ha causado una reacción de violencia en cadena que ha tenido sus efectos más significativos sobre la comunidad palestina. Quienes están fuera del gobierno israelí, como los civiles israelíes y como la comunidad judía en Estados Unidos, han permanecido en su mayor parte indiferentes ante el actual estado de cosas porque las dolorosas pérdidas sufridas por los judíos, así como el dolor y el luto derivados de ellas, han destruido cualquier empatía que ellos pudieran haber sentido hacia las tragedias personales y colectivas causadas por la privación económica, la violencia y la destrucción sufridas por los palestinos.

Este ensayo no pretende predecir el futuro o hacer hipótesis sobre las verdaderas intenciones o planes de Sharon. Sin embargo, una lectura atenta de sus propias palabras, un análisis de las últimas operaciones militares y un examen de la cultura sociopolítica actual vigente en Israel y en la esfera internacional son suficientes para concluir que, actualmente, Israel está persiguiendo el politicidio gradual y progresivo del pueblo palestino. Un proceso a largo plazo, a menudo conducido sin un plan previamente definido, que explora y explota las diversas oportunidades ofrecidas por la arena internacional y doméstica y por los propios palestinos[4].

La capacidad para llevar a cabo este politicidio programado depende en parte de Estados Unidos. Aunque la derecha israelí siempre ha sospechado que Estados Unidos mantenía una postura pro árabe a causa de sus intereses petroleros, los liberales y los políticos de la izquierda israelíes consideran a este país como una especie de superyó político y moral, y piensan que lo que Estados Unidos permite no es sólo políticamente posible, sino que también responde a un patrón de moralidad superior en la medida en que este país es el símbolo del mundo libre, el modelo más acabado de democracia y el bastión de las libertades civiles.

Sin embargo, desde el 11 de Septiembre, las tendencias antiárabes que recorren Estados Unidos y el creciente poder político de los sionistas cristianos han creado un clima político en el que el gobierno estadounidense no impedirá que Israel haga cualquier cosa que le parezca oportuno con los palestinos, mientras también le proporciona la legitimidad y la protección internacional[5].

Efectivamente, una de las primeras declaraciones de George W. Bush sobre el conflicto fue en apoyo al ala derecha israelí no fundamentalista. El 24 de junio de 2002 Bush explicó su propuesta para el establecimiento de un Estado palestino sin especi-

---

[4] El 3 de septiembre de 2002, Azmi Bishara, uno de los intelectuales israelíes más destacados, se lamentaba de la carencia de una estrategia de liberación: «Hoy en día, muchas de las operaciones no son el producto de ninguna estrategia, sino que están motivadas por la venganza o por la rabia. Cuando se discute el tema de la presencia o de la ausencia de una estrategia palestina, aquellas personas que pretenden zanjar rápidamente la cuestión optan por reducirla a si se está a favor o en contra de las operaciones suicidas. La reducción de la estrategia nacional a esta cuestión ejemplifica la extrema pobreza de la política palestina en estos tiempos difíciles, lo cual también es muy trágico». Bishara apelaba a un diálogo interpalestino sobre los objetivos y los medios de lucha y optaba claramente por una Intifada popular (en lugar de por la lucha armada).

[5] Según la teología fundamentalista protestante, el regreso de Jesús y un final feliz para la historia dependen del regreso de los judíos a Tierra Santa y de la recuperación de Jerusalén, lo cual explica el apoyo incondicional a Israel. Esta teología también predica que los judíos se convertirán masivamente al cristianismo, una situación que provocará, efectivamente, la destrucción cultural del pueblo judío. El ala derecha judía lo sabe, pero recibe calurosamente el apoyo político de los fundamentalistas con la convicción de que lo que ocurra al final de los tiempos es irrelevante en la situación política actual.

ficar una fecha para su fundación ni tampoco sugerir cuáles serían las fronteras posibles, pero indicando que este plan requería el cese de todos los actos de terrorismo o de resistencia y un cambio de los dirigentes palestinos. Todo el mundo entendió esta exigencia en el sentido de que los palestinos deben deshacerse de Arafat y de sus partidarios en el régimen e instaurar reformas democráticas dentro de la ANP. Con anterioridad a este anuncio, el poder y el prestigio de Arafat habían tocado fondo y los intelectuales palestinos exigían reformas, así como la democratización del régimen. La declaración de Bush, sin embargo, silenció a la oposición democrática palestina interna. En unos momentos en los que Estados Unidos estaba librando la guerra en Afganistán y engrasando la máquina bélica contra Irak, una exigencia de democratización se convertía en sinónimo de una exigencia de obediencia a Washington y a su definición de democracia, exigencia naturalmente rechazada de modo unánime por los palestinos, independientemente de su valoración del régimen de Arafat. Sin embargo, al final de aquel año, el planteamiento presidencial fue completado con la llamada «hoja de ruta», un plan que disponía el establecimiento de un Estado dentro de unas fronteras temporales al final de 2003 (después de congelar la finalización del plan hasta que se hubieran celebrado las elecciones y se hubiera formado un nuevo gobierno en Israel), seguido de la retirada de las fuerzas israelíes de los territorios de la ANP y de la celebración de unas elecciones para nombrar un nuevo Consejo Palestino en los mismos. El Estado palestino circunscrito a las fronteras provisionales empezará en ese momento las negociaciones con Israel en torno a un acuerdo definitivo que tendrá que ser alcanzado en 2005. De acuerdo con la hoja de ruta, Israel y los palestinos sólo comenzarán a formular un nuevo plan de cooperación en materia de seguridad en una segunda fase, probablemente cuando haya terminado la guerra con Irak. A Israel se le exigirá el fin de los toques de queda, de los asedios y el cese de las operaciones en zonas habitadas. El llamado «cuarteto» –formado por Estados Unidos, la UE, Rusia y Naciones Unidas– supervisará la implementación del plan. Aunque el mismo requiere el establecimiento de una entidad imprecisa llamada Estado palestino, no se añadieron propuestas adicionales, dejando abiertas todas las cuestiones en disputa, como son las fronteras, los refugiados y el *status* de Jerusalén. Esta estrategia encaja con la táctica de Sharon de ganar tiempo para continuar con su política de politicidio contra los palestinos, una táctica que descansa sobre la presunción de que la irritación palestina llevará a una intensificación de los atentados terroristas, esto a la correspondiente respuesta contundente por parte del ejército israelí y de ahí en delante.

Un reciente sondeo de opinión realizado a principios de diciembre de 2002 permite apreciar hasta qué punto son efectivas las tácticas de Sharon sobre ambos lados. Más de siete de cada 10 palestinos e israelíes indicaban que estaban dispuestos a aceptar un proceso de negociación basado en la abstención del uso de la violencia por parte de los palestinos y la aceptación por parte de Israel de un Estado palestino basado en las fronteras de 1967. Menos de uno de cada cinco palestinos e israelíes (los porcentajes eran en ambos casos llamativamente similares) estaban comprometidos con la idea de recobrar la Palestina histórica o de permanecer en los territorios ocupados. Sin embargo, un parte sustancial de la mayoría tanto de los palestinos como de los israelíes no expresaba confianza alguna ante la disposición de la otra parte a abandonar la violencia o a hacer las concesiones necesarias. Así pues, una mayoría de palestinos ha continuado apoyando el uso de métodos violentos en la Intifada, mientras que una mayoría de israelíes continúa aprobando una ofensiva violenta por parte del ejército israelí.

Siendo una persona que sabe leer perfectamente los mapas, Ariel Sharon encontró la hoja de ruta de Bush sumamente conveniente. Tanto en el encuentro anual de comités editores de periódicos celebrado el 5 de noviembre de 2002 como ese mismo día, en el Centro Interdisciplinar de Herzliya, Sharon expresó una visión clara de cómo debería gestionarse el conflicto. Dijo que como parte de la implementación de la hoja de ruta propuesta por el presidente Bush, Israel crearía una zona contigua de territorio en Cisjordania, que permitiría a los palestinos viajar de Yenín a Hebrón sin atravesar ningún punto de control o control de carretera israelíes. Esto se podría efectuar con una combinación de túneles y de puentes. Posteriormente, sin embargo, dijo que Israel tomaría medidas como son «crear una continuidad territorial entre los centros de poblaciones palestinos» —por ejemplo, retirarse de ciudades como Yenín, Nablús y Hebrón— únicamente mientras los palestinos mantuvieran todavía su compromiso de hacer un «esfuerzo verdadero y sincero por acabar con el terrorismo». Después de que se hubieran completado las reformas requeridas en la Autoridad Palestina, dijo Sharon, se llevaría a cabo la siguiente fase del plan de Bush: el establecimiento de un Estado palestino.

La intención es evidente. El Estado palestino estará constituido por tres enclaves alrededor de la ciudad de Yenín, Nablús y Hebrón que carecen de contigüidad territorial. El plan de conectar los enclaves con túneles y puentes significa que habrá una fuerte presencia israelí en la mayor parte de las áreas de Cisjordania. Vistos comparativamente, los bantustanes proporcionados por los afrikáners a la población negra parecen símbolos de libertad, soberanía y autodeterminación.

Por si cabía alguna duda, Sharon añadió: «Este Estado palestino estará completamente desmilitarizado. Le estará permitido mantener una policía y unas fuerzas internas ligeramente armadas para asegurar el orden civil. Israel continuará controlando todos los movimientos en el interior y en el exterior del Estado palestino, dominará su espacio aéreo y no se le permitirá establecer alianzas con enemigos de Israel». Sharon sabe perfectamente que ningún líder palestino aceptará poner fin al conflicto a cambio de un Estado con una soberanía tan limitada; pero la propia mención de las palabras *Estado palestino* –un término tabú en el léxico de la derecha– le confiere una imagen de moderación en la comunidad internacional y le proporciona un lugar en el centro del espectro político doméstico[6]. Sin embargo, estos gestos moderados le conceden un periodo

---

[6] Sharon fue duramente criticado por aquellos que pertenecen a su propio bando ideológico (como Benjamin Netanyahu y Uzi Landau), pero principalmente por la derecha religiosa y radical y por los líderes de los colonos, a causa de su aparente aceptación de un Estado palestino. Por ejemplo, un tal David Ben Jaim hizo) circular en Internet el siguiente mensaje de odio: «(Por favor, difunde todo lo posible este mensaje) Ariel Sharon: [el mensajero del miedo. ¿Cómo le gusta su cicuta? ¿Un terrón o dos? Seamos claros en esto: los generalísimos Sharon y Mitzna tienen visiones idénticas de Israel. Limpiarlo de "los colonos" e implantar un Estado de la OLP dentro de Israel. Y punto. Ahora es el momento de que todos los hombres de bien (las damas también) manden al diablo al LIKUD y se unan a la derecha. De abandonar sus cadáveres a los gusanos de la izquierda. [Moshe] Arens [antiguo ministro de Defensa] se fue calladito. ¡¡Oye, haced más ruido los demás!! Te queda un mes y medio para ponerlo todo en orden. Si después de eso no funciona, ¡te queda todo el tiempo del mundo para hacer la revolución! Entrégate a ello por completo durante seis semanas. Encuentra un líder (o dos) aunque no sea Thomas Jefferson. Se puede pensar en [Avigdor] Lieberman [líder de una facción rusa del Partido de Unión Nacional] y en [Effi] Eitam [líder del PNR]. Recuerda llegar hasta el fondo de las cosas, se dice que hay que "seguir la pista de quien ma-

de tiempo casi ilimitado para seguir adelante con su plan de cometer politicidio.

De acuerdo con los argumentos expuestos en este ensayo, el politicidio es un proceso que comprende múltiples fases que no están forzosamente anclados en una doctrina sociomilitar coherente. Consiste en un planteamiento general en el que muchas de las decisiones se toman sobre el terreno, pero cuyos efectos acumulativos son dobles. El primero es la destrucción de la esfera pública palestina, incluyendo a sus líderes y su infraestructura social y material. El segundo es hacer la vida cotidiana de los palestinos progresivamente insoportable mediante la destrucción de la esfera privada y de cualquier posibilidad de normalidad y de estabilidad. Crear una situación de hambruna es otra manera de producir este efecto. Por ello, a mediados de noviembre de 2002, las fuerzas israelíes destruyeron completamente un almacén de tres pisos en Beit Lahiya, una ciudad situada al norte de la franja de Gaza, el cual tenía suficiente harina, aceite y arroz como para alimentar a 38.000 personas al mes. La comida pertenecía al Programa de Alimentación Mundial dependiente de la ONU. Anteriormente, a medida que se desarrollaba la Intifada, Israel prohibió la entrada en el país a la mayoría de los trabajadores palestinos, lo que suponía cortar la principal fuente de ingresos para la población sumamente densificada y empobrecida de la franja de Gaza, dejando a la ONU con la responsabilidad de alimentar, a un nivel mínimo, a los palestinos que residen allí[7]. En agosto de 2002, un oficial de la ONU dijo que aproximadamente la mitad de los 3.300.000 palestinos están recibiendo ayuda en concepto de alimentos, lo que supone que desde el estallido de la violencia la cifra se ha quintuplicado.

neja los hilos". Así que, ¿quién se beneficia de los cinismos israelíes? Arafat, el generalísimo y la izquierda. ¡DERECHA UNIDA! Alabado seas Tú, D—s, que concedes a Tu Pueblo Israel un brazo fuerte y la voluntad de utilizarlo. ¡Sé fuerte! ¡Sé fuerte! ¡Que todos seamos fortalecidos! ¡ESTAMOS RECUPERÁNDOLO TODO Y CONSERVÁNDOLO!» [mayúsculas en el original]. El estilo violento no es excepcional, sino muy común entre los fundamentalistas religiosos judíos.

[7] La noche del 12 de octubre de 2002, cinco trabajadores palestinos fueron asesinados mientras intentaban entrar furtivamente en Israel desde Cisjordania, cerca del cruce de Karni (en el centro de la Franja), en un intento desesperado por encontrar trabajo. Un tanque israelí les divisó y disparó un proyectil que causó la muerte instantánea de los cinco hombres, ninguno de los cuales estaba armado. No se trataba de terroristas suicidas, sino de trabajadores suicidas.

La creación de estas condiciones está destinada, con la conformidad de Sharon, a reducir las expectativas de los palestinos, a aplastar su resistencia, a aislarles, a hacerles sumisos a cualquier acuerdo propuesto por los israelíes y, finalmente, a provocar su emigración masiva «voluntaria» de la tierra. Sharon es pragmático y consciente de que la opinión internacional no aceptará ni la limpieza étnica a gran escala, ni la transformación del reino hashemí de Jordán en un Estado palestino, como vislumbró en su programa inicial. Sin embargo, está observando cuidadosamente la escena política internacional con el objetivo de explotar las distintas situaciones que emerjan. Su intención es debilitar no sólo a la sociedad palestina, sino también a la oposición israelí, porque su guerra contra los palestinos se entremezcla con una *Kulturkampf* interna contra algunas de las facciones que conforman el carácter y la identidad del Estado de Israel.

Otra de las batallas en esta guerra es la que se libra para obtener el favor de la opinión pública, especialmente el de las comunidades judías norteamericanas. Antes incluso de los atentados del 11 de septiembre de 2001, los estadounidenses –al contrario que los europeos– habían adoptado una visión estereotipada vigorosamente antiárabe y antiislámica, que influye en sus opiniones sobre el conflicto palestino-israelí. La mayor parte de la opinión pública y de los medios de comunicación estadounidenses brinda un apoyo casi incondicional a Israel sin distinguir entre este país y las políticas de su gobierno. Aunque muchos judíos estadounidenses no están afiliados a organizaciones judías y mantienen posturas relativamente moderadas sobre el conflicto, los activistas políticos dentro de la comunidad judía organizada, al igual que algunos académicos marginales y conservadores, a menudo son especialmente vociferantes en sus opiniones antiárabes.

Después del 11 de Septiembre, la ferocidad, la irracionalidad y la frecuencia de estos sentimientos antiárabes aumentaron espectacularmente. Naturalmente, este descontento es explotado al máximo por los israelíes, que así pueden intensificar su opresión sobre los palestinos. Sin embargo, la política israelí ha levantado aceradas críticas de intelectuales europeos y de algunas, aunque pocas, voces disidentes en Estados Unidos. Desgraciadamente, en muchas ocasiones estas críticas son ignoradas y pasan sin ser examinadas al ser tachadas de antisemitas. La acusación de antisemitismo se ha convertido en un instrumento poderoso para silenciar la oposición a las políticas opresivas de Israel. No cabe duda de que algunos elementos antisemitas establecidos en Europa, en América del Sur y del Norte y en el mundo árabe se han envalentonado gracias a las críticas lanzadas contra las políticas de Israel. Este fenómeno debería ser denunciado y castigado mediante los oportunos mecanismos sociales y legales, como cualquier manifestación de racismo. Los críticos morales *bona fide* deberían ser muy cuidadosos de con quién y cómo se alían, pero los líderes de Israel tendrían que ser conscientes de su parte de responsabilidad en fomentar este antisemitismo.

La fuerza de los sentimientos antiárabes en Estados Unidos se ilustra por las observaciones vertidas por el geógrafo político Oren Yiftachel, profesor de la Universidad Ben Gurion y quien trabaja también como activista por la paz y la reconciliación, en su valoración de la gira de conferencias celebrada durante tres semanas en los campus estadounidenses más importantes junto al profesor palestino Rema Hammami, de la Universidad de Bir Zeit. Yiftachel comentó al *Boston Globe* que se está produciendo un aparente desplazamiento de gran trascendencia en el debate estadounidense acerca del conflicto palestino-israelí: el desvanecimiento de Palestina. Se le rebatió con hechos dudosos y supuestas evidencias de que había desaparecido del discurso israelí hace mucho tiempo y que demostraba no sólo ignorancia sino la falta de disposición a escuchar argumentos contrarios. Aseveraciones como «Jordania es el Estado palestino», «La Tierra de Israel fue entregada a los judíos [¿por Dios?] y únicamente a los judíos», «¿Existe, en realidad, algo a lo que se pueda llamar el pueblo palestino?» o «Jerusalén ni siquiera se menciona en el Corán» se repitieron asiduamente en los debates.

La reacción de los asistentes era bastante parecida en la mayoría de los campus [...]. El discurso estaba sumamente polarizado, algo que se hacía más evidente por la falta de disposición para ni tan siquiera escuchar una narrativa conjunta palestino-israelí. Prácticamente en todos los campus, los miembros de la audiencia se levantaban y exclamaban furiosos: «¿Cómo es posible que no discutáis entre vosotros?»; «Nos han estafado: nos prometieron un debate y lo que tenemos es un monólogo».

Yiftachel añadió cáusticamente que «la audiencia estadounidense estaba más interesada en explayarse acerca de las esvásticas sobre la pared de una biblioteca pública que en la brutal ocupación de Palestina, la violación por parte de Israel en estos momentos de las leyes y las normas internacionales y el asesinato masivo de civiles inocentes palestinos e israelíes».

Independientemente de cuáles sean las actitudes de los estadounidenses y de los europeos, el destino del Estado israelí y del pueblo palestino se decidirá sobre el terreno en Oriente Próximo. Los hechos irrefutables son que existe un pueblo palestino, no importa lo «antiguo» que éste sea, y que la posibilidad de su politicidio –o de ser étnicamente eliminado del país– sin que acarree un resultado fatal para Israel es nula. El pueblo palestino, como muchos otros pueblos organizados en Estados soberanos, son básicamente una creación del sistema-mundo colonial, aunque su evolución social y política haya sido obstaculizada por el mismo imperio colonial (el británico) y por la colonización judía de Palestina (que también comenzó bajo la cobertura colonial británica, sin cuya existencia la emergencia de un Estado judío en la región hubiera sido imposible). Sin embargo, incluso antes del comienzo de la colonización judía contemporánea de Palestina en 1882 la población del país estaba compuesta, aproximadamente, por 600.000 árabes y 20.000 judíos[8].

Por otro lado, Israel no es sólo un hecho establecido en la región, sino también una superpotencia tecnológica, económica y militar[9]. El Estado israelí, como muchas otras sociedades de inmigrantes-colonos, ha nacido en pecado sobre las ruinas de otra cultura que había sufrido un politicidio y una limpieza étnica parcial, aunque en este caso el nuevo Estado no logre aniquilar a la cultura aborigen enemiga. En 1948, carecía del poder para hacerlo y la cultura poscolonial global ya no estaba dispuesta a tolerar tales acciones. A diferencia de Argelia, de Zambia o del Estado afrikáner de Sudáfrica, los palestinos y el resto de Estados árabes fueron incapaces de librarse de sus colonizadores. El Estado judío en Oriente Próximo demostró su viabilidad a pesar de

---

[8] Para un relato detallado de la historia palestina, véase mi libro, escrito con Joel S. MIGDAL, *The Palestinian People: A History*, Harvard University Press, 2003.

[9] En la esfera doméstica, la superioridad militar de Israel es utilizada en dos direcciones: algunas personas sostienen que una potencia militar como Israel no tiene que hacer ninguna concesión a los árabes, mientras que otras argumentan que un país fuerte puede permitirse hacer tales concesiones.

las circunstancias adversas y maduró como una sociedad rica, floreciente y vital. Todo lo que necesitaba era la aceptación como una entidad legítima en la región. Su normalidad interna y la continuidad de su desarrollo dependen, a largo plazo, de ser reconocida por los otros pueblos de la región. Este proceso comenzó con el acuerdo firmado con Egipto, el cual puede considerarse como la segunda gran victoria del sionismo. La mayor victoria se produjo con los Acuerdos de Oslo, a pesar de todas sus deficiencias, porque el adversario, y la víctima primordial del movimiento sionista, reconoció el derecho a la existencia de un Estado judío en Palestina. Este cambio revolucionario en la corriente dominante del pensamiento político palestino fue, al igual que el acuerdo de paz egipcio con Israel, un resultado diferido de las guerras de 1967 y 1973.

Pero la guerra de 1967 tuvo una serie de efectos inesperados y contradictorios que crearon una crisis permanente dentro de la sociedad israelí. Sharon y su ideología son una manifestación de la crisis que se ha ido recrudeciendo desde el comienzo de la ocupación y la transformación de Israel en una democracia *Herrenvolk*. Nada ejemplifica mejor este régimen desequilibrado que el hecho de que al mismo tiempo que 540 judíos en Hebrón celebran las festividades judías y reciben a huéspedes que vienen a dar muestras de su solidaridad, 160.000 palestinos en la parte vieja de la misma ciudad son detenidos mientras los colonos utilizan las fiestas religiosas para demostrar su dominio. Todo esto ocurre con la connivencia de miles de militares y de cientos de colonos armados.

La irrupción de los soldados en domicilios privados, más comúnmente durante la noche, se ha convertido en un hecho habitual. Estas redadas, que se llevan a cabo bajo el pretexto de estar buscando armas o terroristas, en ocasiones van acompañadas de saqueos y, más a menudo, de muertes arbitrarias. Estos abusos han sido registrados por docenas de informes testimoniales directos recogidos por B'Tselem y por otras organizaciones que trabajan por la defensa de los derechos humanos. Aunque tales sucesos no obedezcan a órdenes dadas desde los mandos superiores, las autoridades militares —a diferencia de las convenciones respetadas en otros periodos— normalmente no investigan y no procesan a los autores de las irregularidades, o incluso de los actos criminales, lo que constituye una indicación a los soldados de que se considera que la propiedad, la privacidad e incluso las vidas de la población palestina no tienen importancia[10].

En estos momentos la crisis atraviesa su peor fase. Falta un liderazgo adecuado y los líderes reales, o potenciales, que existen en ambos lados son aterradores. No obstante, estamos más cerca que nunca de una ruptura porque ambas partes empiezan a comprender que están en tablas y que ninguna estrategia militar o política —ni una combinación de ambas— hará desaparecer al contrincante. Ni judíos ni palestinos serán movidos de ese pedazo de tierra sin que un daño enorme también haya sacudido al otro lado. Si persisten las hostilidades, la situación puede llevar a un desgaste mutuo que dé como resultado la destrucción y la desaparición de ambas sociedades en el caso de que el conflicto aumente hasta convertirse en una guerra regional, se utilicen o no armas no convencionales. Una nueva *Nakba* («catástrofe») palestina estaría acompañada de un nuevo Holocausto judío a no ser que los judíos israelíes y los palestinos lleguen a la conclusión de que sus destinos están entrecruzados y de que sus intereses son fundamentalmente comunes y no mutuamente excluyentes. Si ambos lados asumieran o volvieran a asumir los dolorosos compromisos que hoy encuentran inconcebibles, pero que son necesarios para efectuar una reconciliación por ambas partes, y adoptaran valores humanistas fundamentales, entonces puede que no sólo dejaran de ser enemigos sino que comprendieran que sus intereses comunes les llevan asimismo a convertirse en íntimos aliados. Sin una reconciliación entre israelíes y palestinos, el Estado judío contemporáneo se convertirá en una mera nota a pie de página en la historia mundial.

---

[10] La ocupación, como sistema social, es dañina no sólo para la población bajo la ocupación sino también para la población del país de las fuerzas de ocupación. A principios de noviembre de 2002, bajo el titular «¡¿Qué he hecho yo?! Cien soldados israelíes asistidos por sufrir el "síndrome de la Intifada"», *Ma'ariv* informaba de que se había creado una «villa de rehabilitación» especial para atender a aquellos antiguos combatientes que sufren profundas crisis psicológicas, un centenar de los cuales se encuentra actualmente bajo tratamiento. Algunos sufren pesadillas y son incapaces de hacer frente a los fallos operativos y al hecho de haber causado daño a civiles. Los veteranos de las unidades de elite están siendo tratados en la villa de rehabilitación de «Izun» [«Equilibrio»] situada cerca de Caesarea, por una plantilla que incluye a siete oficiales de reserva. Orit Mofaz, esposa del nuevo ministro de Defensa, apoya el proyecto. El tratamiento es financiado por los padres de los soldados.

BIBLIOGRAFÍA RECOMENDADA

BEN-ELIEZER, Uri, *The Making of Israeli Militarism*, Blooming-ton, Indiana University Press, 1998.

BENZIMAN, Uri, *Sharon: An Israeli Caesar*, Nueva York, Adama Books, 1985.

BEN-YEHUDA, Nachman, *Sacrificing the Truth: Archeology and Myth of Masada*, Nueva York, Humanity Books, 2002.

FISK, Robert, *Pity the Nation: Lebanon at War*, Nueva York, Simon and Schuster, 1990.

HOFNUNG, Menachen, *Democracy, Law and National Security in Israel*, Nueva York, Dartmouth Publishers, 1996.

KIMMERLING, Baruch, *The Invention and Decline of Israeliness, Sta-te, Culture and Military in Israel*, Los Ángeles y Berkeley, University of California Press, 2001.

—y MIGDAL, Joel S., *The Palestinian People: A History*, Cambridge, MA, Harvard Universtity Press, 2003.

KHALIDI, Rashid, *Under Siege: PLO Decision Making During the 1982 War*, Nueva York, Columbia University Press, 1985.

KRETZMER, David, *The Occupation of Justice: The Supreme Court of Israel and the Occupied Territories*, Albany, State University of New York Press, 2002.

KLEIN, Menachem, *The Jerualem Problem: The Struggle for Permanent Status*, Tampa, University Press of Florida, 2003.

LUSTICK, Ian, *For the Land and the Lord: Jewish Fundamentalism in Israel*, Nueva York, Council of Foreign Relations, 1998.

—*Unsettled States/Disputed Lands: Britain and Ireland, France and Algeria, Israel and the West Bank-Gaza*, Ithaca y Londres, Cornell University Press, 1993.

MORRIS, Benny, *The Birth of the Palestinian Refugee Problem, 1947-1949*, Cambridge, Cambridge University Press, 1998.

—*Israel's Border War 1949-1956: Arab Infiltrators, Israeli Retaliation, and the Countdown to the Suez War*, Oxford y Nueva York, Oxford University Press, 1993.

SILBERSTEIN, Laurence J., *The Postzionism Debates: Knowledge and Power in Israeli Culture*, Nueva York, Routledge, 1999.

SCHIFF, Zeev y YAARI, Edhud, *Israel's Lebanon War*, Nueva York, Simon and Schuster, 1985.

SHAFIR, Gershon, *Land, Labour and the Origins of the Israeli-Palestinian Conflict*, Cambridge y Nueva York, Cambridge University Press, 1989.

SHARON, Ariel y CHANOFF, David, *Warrior: An Autobiography*, Nueva York, Simon and Schuster, 1998.

SHLAIM, Avi, *War and Peace in the Middle East: A Concise History*, Nueva York, Penguin, 1995.

SPRINZAK, Ehud, *The Ascendance of Israel's Radical Right*, Nueva York, Oxford University Press, 1991.

TESSELER, Mark, *A History of Israeli-Palestinian Conflict*, Bloomington e Indianapolis, Indiana Universtiy Press, 1994.

WEISS, Meira, *The Chosen Body*, Standford, CA, Standford University Press, 2002.

ZERUBAVEL, Yael, *Recovered Roots: Collective Memory and The Making of Israeli National Tradition*, Chicago, University Press, 1995.

ÍNDICE